VOLUME I
IMPROVISAÇÃO

TURI COLLURA

Nº Cat.: 392-M

Irmãos Vitale Editores Ltda.
vitale.com.br
Rua Raposo Tavares, 85 São Paulo SP
CEP: 04704-110 editora@vitale.com.br Tel.: 11 5081-9499

© Copyright 2008 by Irmãos Vitale Editores Ltda. - São Paulo - Rio de Janeiro - Brasil.
Todos os direitos autorais reservados para todos os países. *All rights reserved.*

CIP - BRASIL CATALOGAÇÃO NA FONTE
SINDICATO NACIONAL DOS EDITORES DE LIVROS, RJ

C675i
v.1

Collura, Turi, 1970-
Improvisação, volume I : práticas criativas para a composição melódica na música popular / Turi Collura. - São Paulo : Irmãos Vitale, 2008.
124p.
Inclui bibliografia

ISBN 978-85-7407-233-3

1. Improvisação (Música). 2. Música - Instrução e ensino. I. Título.
08-1847.   CDD: 781
                                                                         CDU: 78.01

13.05.08   14.05.08   2006592

Proibida a reprodução total ou parcial desta obra sem a autorização do Editor.

Direção de produção: Neusinha Escorel
Coordenação editorial: Flávio Carrara De Capua; Denise Borges
Capa: Patrícia Tebet
Diagramação: Turi Collura
Revisão ortográfica: Thiago Costa Veríssimo, Neusinha Escorel e Marcos Roque
Projeto gráfico: Turi Collura, Neusinha Escorel
Formatação: Marcia Fialho
Músicos : Marco Antônio Grijó (samples de bateria); Ricardo Mendes (violão e guitarra); Jovaldo Guimarães e Weber Pereira Marely (sax); José Benedito (flauta); Turi Collura (teclados); computadores Macintosh (o restante)
Técnicos de gravação: Ricardo Mendes (Casa da Floresta).
Mixagem e masterização: Felipe Gama
Produção executiva: Fernando Vitale

Colabore com a produção científica e cultural.
Não fotocopie livros.

www.turicollura.com
Impresso no Brasil

IMPROVISAÇÃO

Práticas criativas para a composição melódica
na música popular

Turi Collura

Volume I

Arquivos de áudio *play-a-long* em MP3 estão disponíveis para *download* gratuito em:

vitale.com.br/downloads/audios/392-M.zip

ou através do escaneamento do código abaixo:

Obs.: Caso necessário, instale um software de descompactação de arquivos.

AGRADECIMENTOS

Expresso minha gratidão aos mestres, entre eles: Maharaji, Bill Evans, Keith Jarrett, John Coltrane, Herbie Hancock, Tom Jobim, Mc Coy Tyner, Chico Buarque, Mick Goodrick, Joe Lovano, Dave Liebman, Charles Banacos, Pat Metheny, Lyle Mais, John A. Sloboda, Franco D'Andrea, Giovanni Tommaso, Franco Cerri, Sante Palumbo, Fabio Jegher, Roberto Pronzato, Maurizio Franco, Tomaso Lama. Este livro não existiria sem a contribuição, direta ou indireta, de cada um deles.

Agradecimento especial aos meus pais e às pessoas que contribuíram diretamente para a realização deste trabalho: Neusinha Escorel; Chico Buarque; Marola Edições, na pessoa de Marilda Ferreira; Jeff Gardner; Marco Antônio Grijó; Felipe Gama; Fábio Calazans; Giancarlo Collura; Fabiano Araújo Costa; Wanderson Lopes; Thiago Costa Veríssimo; Fernando Novaes Duarte; Rodolfo Simor; Edivam Freitas; Ada Collura; Jeferson Mesquita; Neuracy Arruda Escorel; Marcelo Madureira; José Carlos de Oliveira e Marco António de Sousa, da Freenote, e sua equipe (Vinicius, Danillo, Sonia Regina, Liliam, Joselito, Alex, Neuza); Marco Zanotelli e Tiago Padim, da Laser Discos; Helinho Oliveira; Andréa e Mark Langevin.

Este livro é dedicado a Neusinha, companheira deste caminho pelo mundo.

Para alcançar algo que até hoje não conseguimos, talvez seja importante fazer algo que até hoje não fizemos.

Maharaji

- Esta obra apresenta várias e interessantes técnicas de fraseologia melódica; é de grande valor didático para quem é iniciante e também para quem quer se aprofundar no estudo da improvisação. É, também, um ótimo ponto de partida para o músico erudito que queira desenvolver a arte da improvisação. É significativa a comparação – e ligação – dos dois sistemas rítmicos: norte-americano (blues e jazz) e brasileiro. Com certeza esta obra vai ajudar muitas pessoas na busca do próprio caminho criativo. Sucesso!
(Jeff Gardner, pianista norte-americano e autor de livros)

- Um dos métodos mais interessantes que foram lançados recentemente no Brasil
(André Martins, guitarrista e colaborador na revista *Cover Guitarra*)

- Sempre me chamou atenção o fato de existirem tantos métodos de harmonia (compreensão e criação) e praticamente nenhum que tratasse da melodia. Bem-vindo ao método do Turi, ele está no caminho certo. Esse pode surgir como um enfoque diferenciado e definitivo para a maioria dos estudantes de música.
(Sérgio Benevenuto, músico, professor e produtor musical)

- Caro prof. Turi Collura:
Parabenizo-o pela recente publicação do seu volume I de Improvisação, que vem enriquecer o conjunto de materiais de apoio à atividade docente na área de música e contribuir para o permanente aperfeiçoamento de músicos, e para a formação daqueles que ainda não pensam na música como profissão. No momento em que as práticas mais afeitas ao "mundo da música popular" ganham lugar nas instituições acadêmicas, a publicação do seu trabalho sobre a composição melódica na música popular cumpre um papel fundamental.
(Regina Marcia Simão Santos, Programa de Pós-graduação em Música [Mestrado e Doutorado] Universidade Federal do Estado do Rio de Janeiro – UNIRIO)

- Esta obra apresenta, de forma didática e sistemática, etapas de trabalho para (re)conquistar a fluência na improvisação musical e nos lembra, a cada passo, que não se trata – felizmente – de uma mágica ou de um "dom" inato, mas de uma habilidade que pode ser desenvolvida a partir de uma orientação adequada e, sempre, de intenso contato com o repertório musical.
(Mônica Vermes, professora doutora da Universidade Federal do Espírito Santo – UFES)

- Turi Collura nos apresenta um texto com uma abordagem apaixonada e, ao mesmo tempo, absolutamente preocupado com o aspecto didático do ensino da composição melódica. Existe algo que impressiona neste livro: a riqueza de enfoques. Cuidadosamente desmembrados, formam unidades que geram muito interesse tanto para o principiante, quanto para os mais experientes. Turi cerca o leitor com exemplos aplicados a estilos variados, análises esclarecedoras e sugestões sobre como praticar a improvisação com cada técnica abordada.
(Fabiano Araújo, pianista e compositor)

PREFÁCIO

Ler esta obra de Turi Collura, sobre improvisação, é como estar ao lado deste italiano-brasileiro e sentir sua personalidade criativa, alegre, vibrante, generosa, sempre didática.

Aqui, o leitor encontrará uma clara oportunidade de exercitar, na sua prática musical e em tempo real, as funções do intérprete e do compositor. Se a prática da improvisação está, hoje, mais identificada com o músico popular, especialmente aquele que lida com o jazz e suas interfaces (como em diversos estilos da música instrumental brasileira), este livro mostra um caminho que poderá também ser trilhado pelo músico não familiarizado com a improvisação.

Na metodologia que vem desenvolvendo há bastante tempo, Turi reuniu estratégias com as quais o músico erudito, ao mesmo tempo fascinado e atemorizado com a prática da improvisação, irá se identificar. Se a realização da linha do baixo evoca o baixo cifrado do barroco, a improvisação temática, proposta aqui pelo autor, encontra ecos no desenvolvimento motívico clássico de Haydn e Beethoven.

Por outro lado, as dimensões vertical e horizontal da improvisação, fundamentais para o desenvolvimento do pensamento melódico e harmônico (do canto, dos instrumentos harmônicos, dos instrumentos inarmônicos), são tratadas ainda de maneira a gerar coerência no discurso musical.

Turi também não se esquece de que as mais eficientes abordagens pedagógicas da música popular combinam as tradições escrita (o texto) e auditiva (o som). Assim, não corremos aqui o perigo do que Nicholas Cook chama de "distinção binária entre o literato e o auditivo-oral".

As dezenas de exercícios e exemplos musicais, criados especialmente por Turi, são acompanhadas de gravações que antecipam o ambiente que o músico encontrará fora de sua sala de estudo.

Como nos lembra no folheto de *Interferências*, seu lindo disco de estréia em terras brasileiras, Turi Collura fotografa, musicalmente, interferências diversas que fazem deste planeta uma festa para todos os músicos e músicas. Este livro aponta caminhos que facilitam a trilha para se chegar a um dos grandes êxtases da festa de fazer música: a improvisação.

Fausto Borém

Professor da Escola de Música da UFMG
Pesquisador em música do CNPq
Editor-fundador da revista *Per Musi*

ÍNDICE DAS FAIXAS DOS ÁUDIOS

Faixas	Descrição	Pág.
1	Introdução	
2	Música "Afinando": tema (2-1) e variações (2-2)	25-26
3	Música "Afinando": base (Estrutura harmônica nº 2)	23-42-43-46
4	Exercício nº 1	27
5	Exercício nº 2	28
6	Exercício nº 3	28
7	Exercício nº 4	29
8	Exercício nº 5	29
9	Exercício nº 6	30
10	Exercício nº 7	31
11	Exercício nº 8	32
12	Exercício nº 9	32
13	Base para exercício nº 10	33
14	Exercício nº 11	33
15	Base para exercício nº 12	34
16	Exemplos 11 (16-1) e 12 (16-2)	35
17	Exemplo 14	37
18	Exemplo 15	38
19	Exercício nº 15 (19-1) e exemplo 17 (19-2)	45-46
20	Base para exercício nº 17 (Estrutura harmônica nº 1)	46
21	Base para exercício nº 18, ex. 37 e 58 (Estr. harm. nº 3)	46-61-78
22	Exercício nº 19	56
23	Base para exercícios nºs 20-23-24-27	57-60-63
24	Base para exercício nº 21	58
25	Exercício nº 22	59
26	Base para exercício nºs 25 e 29	61-65
27	Base para exercícios nºs 26-28-30-33	62-64-66-68
28	Exemplos 41 e 49	69
29	Exemplo 47	71
30	Música "Picasso"	75
31	Exemplo 55	77
32	Exemplo 59	79
33	Exemplo 65	84
34	Exemplo 69	85
35	Exemplo 71	86
36	Base para exercícios nºs 37-45-49-54-55-59-74-75-76	88-91-92-93-94-96-103-105
37	Base para exercícios nºs 38-46-50-63	89-91-93-97
38	Base para exercícios nºs 39-47-51-56-61-67	89-92-93-94-96-98
39	Base para exercícios nºs 40-48-52-57-65-68	89-92-93-94-98-99
40	Base para exercício nº 41	90
41	Base para exercício nº 42	90
42	Base para exercício nº 43	90
43	Base para exercícios nºs 44-72	91-103
44	Base para exercícios nºs 53-58-69	93-95-99
45	Base para exercício nº 60	96
46	Exercício nº 62	97
47	Exercício nº 64	97
48	Exercício nº 66	98
49	Base para exercício nº 71	102
50	Exercício nº 73	103
51	Música "Chorinho para Hermeto"	100
52	Música "Coisas para dizer"	104
53	Base para exercício nº 79	106
54	Padrões baseados nas escalas penta-menor e penta blues	113
55	Exemplo 89 Padrão estático	114
56	Exemplo 90 Padrão dinâmico	114
57	Padrões blues com ♭3 e 3	115
58	Padrões blues com 2º e 6º graus	116
59	Exemplo 96: Improviso be-bop	118
60	Música: "Blues para John"	119

SUMÁRIO

Sobre a obra	10
Sugestões de como estudar este livro	11
Estudar a improvisação	12

Capítulo 1. Preliminares
1. Cifras, notação e construção de tríades e tétrades	15
2. Notas acidentais e suas tipologias	19
3. Estudo de escalas e exercícios	20
4. Estruturas harmônicas para fins didáticos	22

Capítulo 2. Introdução à improvisação temática e à improvisação vertical
1. Improvisação temática	25
2. Improvisação vertical: o foco nas notas dos acordes	27
3. Elementos rítmicos	40

Capítulo 3. Forma musical
1. Antecedente e conseqüente melódico	48
2. Formas estruturais na música popular	53

Capítulo 4. Abordagem diatônico-cromática: tensão e resolução melódica
1. Notas "T" e "R" na melodia	55
2. Análise melódica	72
3. Células rítmico-melódicas	73

Capítulo 5. Aplicação da abordagem vertical em diversos contextos estilístico-musicais
1. Princípios de construção de linhas de *walking bass*	76
2. A execução da notação *swing*	79
3. Sobre a improvisação jazzística	81
4. Sobre a improvisação no choro	83

Capítulo 6. Ciclos melódicos
1. O círculo das quintas como ferramenta de estudo	87
2. Considerações sobre a resolução melódica das tensões	95
3. "Chorinho para Hermeto": uma análise melódica	100
4. Tensões de 9ª no acorde de dominante e suas resoluções	102
5. Outras tensões no acorde de dominante e suas resoluções	105
6. Notas de tensão e resolução dentro e fora da pulsação rítmica	107
7. Concepções rítmicas da tradição européia e da tradição africana	107
8. Variações de acentos e figuras rítmicas	108

Capítulo 7. O blues e suas formas principais
1. Introdução	111
2. Escalas típicas da linguagem blues e padrões	112
3. O blues no estilo *be-bop*	118

Reflexões sobre a aprendizagem e a prática da improvisação	120
Avaliação de aprendizagem para conclusão do Volume 1	122
Referências bibliográficas relativas aos assuntos deste volume	123

SOBRE A OBRA

Tenho o enorme prazer de apresentar o primeiro de dois volumes dedicados à improvisação. Esta obra é o resultado de três atividades que há anos fazem parte do meu cotidiano: a pesquisa sobre o fenômeno da improvisação na sua forma mais ampla possível, a prática da improvisação como músico e o ensino dessa disciplina como professor. Aprendi (e aprendo) muitas coisas com os meus alunos, aos quais ofereço ajuda no caminho que eles querem percorrer. Assim, as aulas não-padronizadas e sob medida (algo que poderíamos dizer, de certa forma, "improvisado") sempre apresentam contínuos desafios e, com eles, novas e preciosas descobertas sobre a maneira de tratar os assuntos.

Os dois volumes oferecem uma metodologia prática para o estudo da arte da improvisação, entendida como composição melódica extemporânea. O objetivo é ensinar a criar e desenvolver linhas melódicas, mostrando técnicas e caminhos para o estímulo da musicalidade.

A partir disto, desenvolvi algo que explicasse como fazer, como combinar as notas para que elas se transformem em frases musicais. As clássicas perguntas, tais como: "Por onde começar para improvisar?", "Sobre o que me baseio para criar novas melodias?", "Conheço as escalas, mas como combiná-las?" encontram respostas e propostas nas ferramentas apresentadas, nas técnicas objetivas, para construir linhas melódicas em diferentes estilos e frases "que soem musicais e que sejam criativas".

São traçados caminhos, tanto para o professor que quer utilizar esta obra para fins didáticos quanto para o aluno que quer estudar individualmente. A metodologia conduz a três abordagens possíveis da matéria:
1. **improvisação temática**, na qual o tema é o ponto de partida;
2. **improvisação vertical**, na qual os acordes são o ponto de partida;
3. **improvisação horizontal**, na qual a relação escala/acorde é o ponto de partida.

Um improvisador usa, obviamente, as três abordagens de forma combinada e, dificilmente, separa uma da outra. Para fins didáticos, acho essa divisão útil, já que cada abordagem, separadamente, permite usar diferentes técnicas.

Este primeiro volume trata, principalmente, da abordagem vertical. O segundo volume trata da abordagem horizontal e da improvisação temática.

São propostos exercícios em todos os tons, estimulando o músico a pensar em todas as tonalidades, de forma musical. Desde as primeiras unidades, o aluno passa a escrever, a praticar exercícios e a compor solos conforme as técnicas apresentadas.

Para o estudo das fórmulas, foram desenvolvidos vários exercícios, a maioria dos quais já transportados em todos os tons.

Os áudios que acompanham este primeiro volume contêm os exemplos musicais e as bases pré-gravadas para praticar os exercícios propostos.

Ao longo do livro, as faixas de áudio são indicadas com o símbolo 🔊)) seguido pelo número da faixa relativa

Acredito que esta obra estimulará o crescimento de todos os leitores que a ela dedicarão algum tempo, pois contém inúmeras atividades dirigidas aos mais diferentes recantos de sua sensibilidade. Se um desses estímulos atingir o alvo e reverberar dentro de você pelo seu sorriso, então terá valido a pena escrevê-la.

Boa leitura!

Turi Collura

SUGESTÕES DE COMO ESTUDAR ESTE LIVRO

- Tenha sempre um lápis à mão. Escreva em cada parágrafo a data do início do estudo. Sublinhe os conceitos, as sugestões que achar úteis; anote as novas idéias que vão surgindo a cada página. Faça deste livro o seu livro de estudo.

- Use também um caderno com pauta musical, já que, ao longo do estudo, será preciso escrever exercícios, frases, compor solos e anotar as novas idéias.

- Use as bases dos áudios para estudar os exercícios. Repita cada um várias vezes, até alcançar um ótimo desempenho.

- Procure entender o funcionamento do conteúdo proposto, superando a fase da imitação inconsciente. Crie, desenvolva, expresse suas idéias musicais.

- Tenha paciência durante a aprendizagem. Você está fixando as bases das suas habilidades futuras.

- Enquanto estuda este livro é aconselhável tocar em conjunto, praticando as suas improvisações em algumas músicas específicas. Sugiro também o uso de bases gravadas. Escolha as suas músicas e toque se divertindo.

- Se possível, grave as suas performances para analisá-las, detectando as melhores idéias e os pontos que você achar que podem ser melhorados.

O capítulo 1 contém a harmonia de algumas músicas consagradas, brasileiras e internacionais, servindo como base para o estudo, e a aplicação dos exercícios e das técnicas apresentadas ao longo do livro.

Para facilitar a leitura dos exercícios foram evitados acidentes dobrados. Portanto, algumas vezes, as notas poderão ser tratadas enarmonicamente; por exemplo, um Si dobrado bemol, correto em uma dada tonalidade, será indicado como Lá natural.

A leitura e a compreensão do material apresentado não são difíceis. Os conceitos e as idéias podem ser absorvidos em tempo razoável, enquanto a aplicação dos conceitos no instrumento necessita de tempo maior, provavelmente vários meses de estudo. Portanto, se depois de ter entendido a teoria, ao colocá-la em prática, você encontrar algumas dificuldades, não se preocupe. Isso é algo absolutamente normal. O estudo proposto é gradativo; começa por exercícios simples, chegando a exercícios e técnicas complexas.

As idéias apresentadas são muitas. Tome a liberdade de abrir o livro em diferentes pontos, dê uma volta pelos capítulos. Não perca, todavia, a seqüência de estudo sugerida.

Internet
De certa forma, hoje um livro pode se tornar vivo se existir uma relação, um contato, com seu autor. Por isso, está disponível na internet o site **www.turicollura.com**, contendo informações, atualizações, novos exercícios e bases para os estudos referentes a esta publicação. Acesse o site e mantenha-se atualizado. Mande suas perguntas, impressões e dúvidas.

ESTUDAR A IMPROVISAÇÃO

A arte da improvisação musical está presente em muitas culturas do mundo. Em nossos dias, a improvisação faz parte de várias manifestações da cultura musical popular, seja brasileira ou internacional (do samba à bossa-nova, do choro ao blues, do rock ao pop), assim como do jazz, que é, provavelmente, o estilo que, entre todos, mais desenvolveu uma linguagem sofisticada.

A improvisação pode ser definida como a arte de criar algo no momento, portanto, em tempo limitado, com um material também limitado. Esse processo implica a necessidade de tomar decisões certas para criar algo que funcione naquele instante. De certa forma, a improvisação pode ser definida como uma composição extemporânea. Em comparação à composição escrita, a composição extemporânea é limitada, por exemplo, no que diz respeito à forma: quase sempre, a estrutura harmônica sobre a qual se improvisa é dada; o número dos compassos da composição é preestabelecido, assim como são preestabelecidos os acordes e suas relações tonais. O que o improvisador deve fazer, nesses casos, é desenvolver a capacidade de analisar os dados do momento e criar algo que respeite o material dado (acordes, estilo, tempo, material temático etc.).

A improvisação pode se manifestar de várias formas, que correspondem a diferentes pontos de partida:

- Ligados ao aspecto temático/interpretativo:
    - Improvisar elementos de embelezamento melódico.
    - Deslocar a rítmica de forma diferente.
    - Variar a altura de algumas notas, interpor grupos de notas.
    - Variar as dinâmicas.

- Criação de novas linhas melódicas:
    - Baseadas na variação rítmico-melódica.
    - Que desenvolvam as células temáticas da música.
    - Baseadas nos acordes (reescritura melódica).
    - Baseadas em regras estabelecidas no momento.

- Criação de ritmos sobrepostos ao principal.
- Criação/sobreposição de novas harmonias.
- Busca de novas sonoridades e suas combinações.
- Personalização do timbre, do tipo de som.
- Criação coletiva.

Todas essas atividades, muitas das quais ligadas entre si, pressupõem, por parte do músico, capacidades de natureza criativa, mas também o domínio dos elementos gramaticais, estilísticos e de técnicas específicas.

Os elementos que compõem a música são quatro: harmonia, melodia, ritmo e dinâmica. No que diz respeito ao improviso, os primeiros dois elementos são ligados entre si de forma dependente um do outro. Podemos definir a harmonia como a arte e o resultado da combinação simultânea de alguns sons diferentes.

Definimos a melodia como uma sucessão de vários sons, caracterizados por diferentes alturas e durações. Podemos dizer, então, que a harmonia representa o aspecto vertical da música, enquanto os sons que a compõem acontecem simultaneamente. A melodia representa o aspecto horizontal, deslocando-se em sucessões temporais.

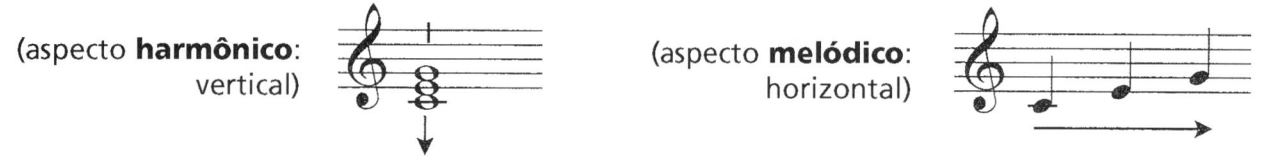

(aspecto **harmônico**: vertical)

(aspecto **melódico**: horizontal)

Sem o terceiro elemento, porém, não existiria nada. De fato, harmonia e melodia só existem em uma sucessão temporal que é definida pelo ritmo. O ritmo é a dimensão musical em que as notas são organizadas em seqüências e adquirem uma duração definida. Então, o ritmo é o elemento organizador das notas e de sua duração. O quarto elemento – a dinâmica, muitas vezes esquecida – é o "tempero" da música. A dinâmica se refere à intensidade sonora, de forma independente da acentuação rítmica. É definida pelos sinais:

ppp (piano pianissimo)
pp (pianissimo)
p (piano)
mp (mezzo piano)
mf (mezzo forte)
f (forte)
ff (fortissimo)
fff (forte fortissimo)

OUTRAS COMBINAÇÕES E SÍMBOLOS:

fp (fortepiano = forte e logo após piano)
più f (mais forte); *meno f* (menos forte);
poco f (um pouco forte)

A passagem gradual de uma intensidade para outra é notada com os símbolos $<$ e $>$ que definem o *cresc.* (crescendo) e *dim.* (diminuendo).

O valor de tais indicações não é determinado com absoluta precisão, mas, sim, relativo ao contexto musical. A simbologia utilizada é, por tradição, de origem italiana.
Apesar do elemento "dinâmica" ser considerado secundário, enquanto não indispensável para que a música aconteça, ele, todavia, se revela útil para uma boa "performance" e para o efeito musical.

A IMPORTÂNCIA DA REPETIÇÃO DOS EXERCÍCIOS

É importante repetir os exercícios apresentados ou as frases que aprendemos muitas vezes, para que sejam fixados dentro de nós de duas formas:

1. Na parte racional de nosso cérebro. O cérebro vai aprendendo a relação entre as notas, as alturas, o movimento das frases. Aos poucos, ele vai formando **as idéias** das frases, os moldes que ele irá, sucessivamente, sugerir em determinadas condições e contextos.

2. Na nossa memória fisiológica. O corpo aprende uma determinada seqüência de movimentos somente através da repetição. Em seguida, a repetição da seqüência aprendida "fisiologicamente" não precisa de atenção da parte do nosso cérebro racional; livre do controle da execução da frase, o "cérebro racional" pode dedicar-se, junto com o "cérebro criativo", à elaboração de novas idéias, à supervisão do que está acontecendo.

UM PARALELO ENTRE LINGUAGEM MUSICAL E LINGUAGEM VERBAL

Na pedagogia musical, o estudo das escalas tem sido confundido, muitas vezes, com o estudo da improvisação. Fazendo um paralelo com a linguagem verbal, o estudo da teoria musical – que compreende o estudo das escalas a serem utilizadas sobre determinados acordes – equivale ao estudo do alfabeto e dos fonemas. É claro para todos que o estudo do alfabeto e dos fonemas de uma língua não é suficiente para criar poesias. Com relação à música, as escalas são, portanto, apenas um ponto de partida.
Quando crianças, começamos a falar pronunciando monossílabos; sucessivamente, passamos a produzir palavras e, gradualmente, passamos a articular as primeiras frases, aprendendo como ligar cada palavra à outra. Na música acontece a mesma coisa. Por isso é importante aprender a construir células melódicas (que representam as palavras ou frases) e com elas articular frases e parágrafos. O objetivo deste livro é sugerir caminhos para que isso aconteça.

A improvisação é a maneira mais profunda, na música, para se entrar em contato com a realidade no momento em que ela acontece.

Keith Jarrett

1 PRELIMINARES

1. CIFRAS, NOTAÇÃO E CONSTRUÇÃO DE TRÍADES E TÉTRADES

O sistema de cifras utilizado na música popular não é universalmente padronizado. Existem algumas diferenças entre os diversos países, escolas ou editoras. Apresento as principais indicações e cifras que se encontram mais freqüentemente nas partituras, nacionais e internacionais, com o objetivo de tratar de seus símbolos e sistemas de notação, fornecendo interpretação e indicações úteis à leitura.
Vamos iniciar pela sistematização do material de base que compõe os acordes e suas cifras. Onde existe mais de uma opção para uma categoria, destacamos a simbologia adotada neste livro.

As tríades

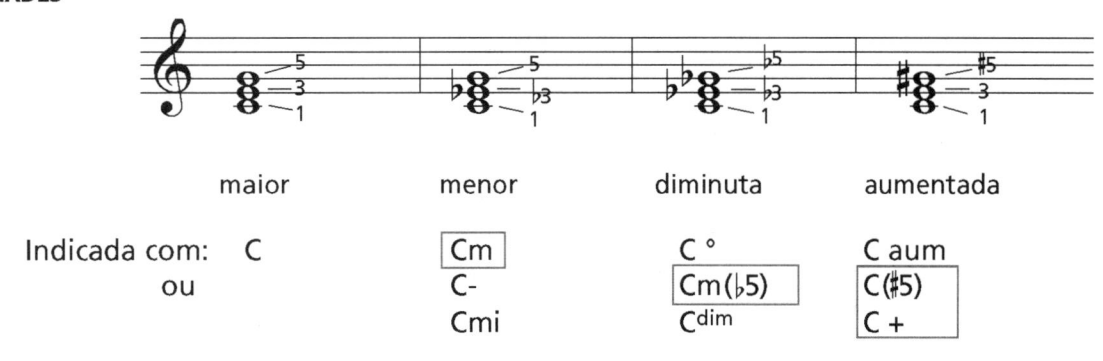

	maior	menor	diminuta	aumentada
Indicada com:	C	Cm	C°	C aum
ou		C-	Cm(♭5)	C(♯5)
		Cmi	Cdim	C +

Em algumas ocasiões é possível encontrar as seguintes cifras, referentes às tríades:

Csus 2   Csus 4   Cadd 2

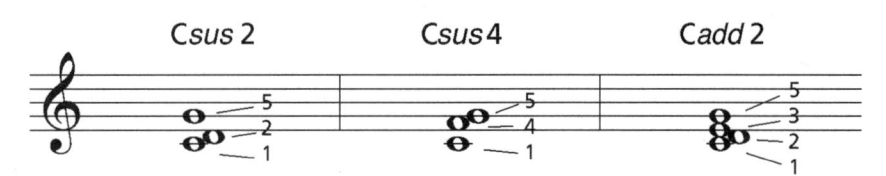

Enquanto no acorde *sus* não está presente o terceiro grau do acorde, o símbolo *add* indica a adição de uma nota específica ao acorde.

As tétrades principais
Com relação a cada tipologia de acorde, os símbolos que se encontram mais freqüentemente nas partituras são:

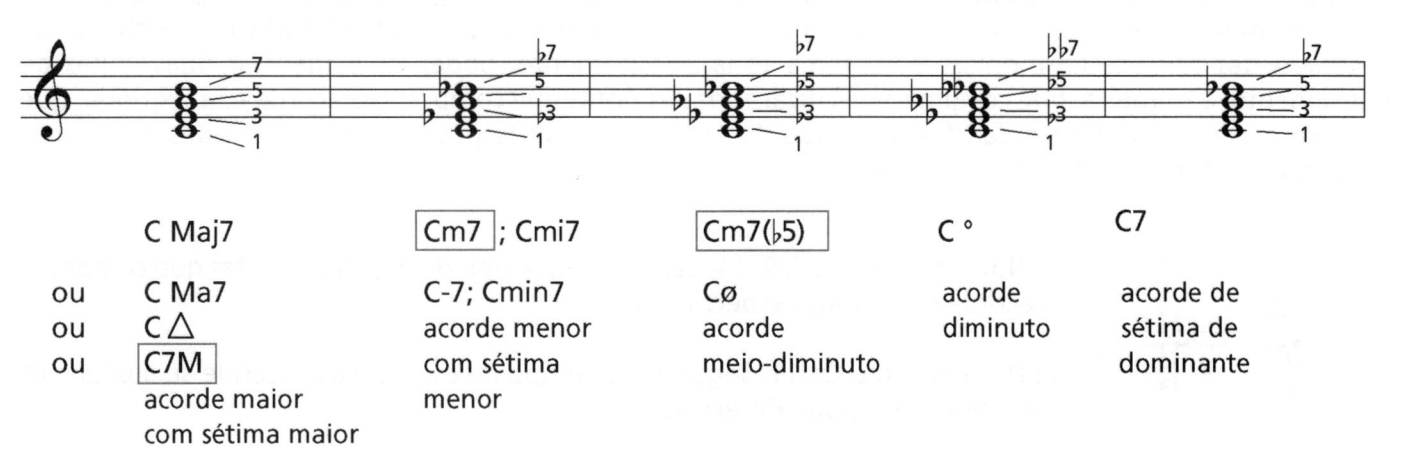

	C Maj7	Cm7 ; Cmi7	Cm7(♭5)	C°	C7
ou	C Ma7	C-7; Cmin7	Cø	acorde	acorde de
ou	C△	acorde menor	acorde	diminuto	sétima de
ou	C7M	com sétima	meio-diminuto		dominante
	acorde maior	menor			
	com sétima maior				

Às tétrades principais, juntam-se algumas outras:

1. Tétrade composta por uma tríade menor e sétima maior:

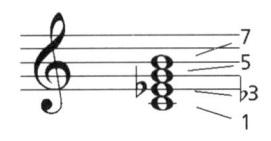

As principais cifras para indicar esse acorde são:
Cm(7M); Cm∅; C-∅ (o símbolo ∅ indica sétima maior).

2. Tétrades alteradas: nesses casos a alteração é especificada. Como no próximo exemplo:

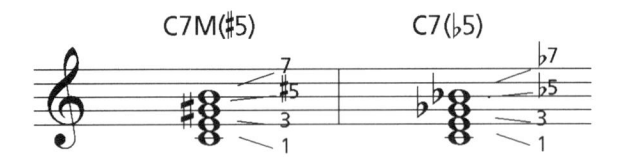

C7M(#5)   C7(b5)

3. Acorde de dominante *sus4*, indicado como *7sus*4. Trata-se de uma alteração do acorde de dominante, em que o terceiro grau é substituído pelo quarto.

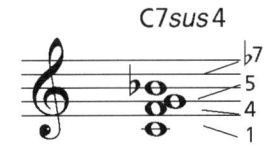

C7*sus*4

Sendo, basicamente, o acorde *7sus*4 um acorde de dominante, ele pode conter outras alterações, no que se refere a 9, 11, 13. As regras que definem essas tensões são as mesmas que se referem ao acorde de dominante e serão tratadas na próxima página.

Cabe observar ainda que, devido à sua sonoridade particular, o acorde de dominante *sus4* pode ser usado fora da sua função de dominante. Isso acontece, por exemplo, em sucessões de acordes como a do exemplo seguinte (esta é a sucessão de acordes utilizada na faixa 1):

Exemplo 1

C7sus 4,9   Eb7sus 4,9   Gb7sus 4,9   A7sus 4,9

A INDICAÇÃO DE TENSÕES NA CIFRAGEM

No que se refere à notação das tensões, mais uma vez não existe uma padronização da escrita musical. Torna-se importante, então, para o improvisador, saber interpretar o que a cifra significa. Para isso, é útil o estudo das funções harmônicas do sistema tonal. Basicamente, podemos evidenciar duas linhas de pensamento: a primeira, que costuma especificar todas as notas que compõem o acorde e, a segunda, que tende a maximizar a síntese da cifra. O acorde do exemplo seguinte pode ter duas notações diferentes, seguindo um ou outro tipo de escrita.

Exemplo 2

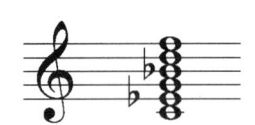

1) Notado como Cm7, 9, 11. Seguindo esse tipo de escrita, as notas que compõem o acorde estão todas especificadas.

2) Notado como Cm11. Seguindo esse tipo de escrita, subentende-se a presença da sétima e da nona do acorde.

O segundo tipo de escrita sugere que, quando a sétima não está especificada, ela é menor. Assim, por exemplo, a cifra C9 indicaria um acorde C7,9. A cifra Cm9 indicaria um acorde Cm7,9. A cifra Cm13 indicaria um acorde Cm7,9,11,13.

OUTROS SÍMBOLOS E INDICAÇÕES

O símbolo *add* pode encontrar-se também aplicado às tétrades, como mostra o próximo exemplo. Indica a adição de uma nota específica a um determinado acorde.

Exemplo 3 — C7(*add* 2)

Quando se quer omitir uma nota do acorde, usa-se o símbolo (*omit*). As partituras norte-americanas contêm, em substituição ao símbolo "omit", o símbolo "no". Na língua inglesa, a palavra "no" significa "não". Qualquer exclusão de notas do acorde é então indicada com este símbolo.
Por exemplo, o acorde seguinte pode ser notado como C7*sus* 4,9 (*no* 5), ou C7*sus* 4,9 (*omit* 5).

Exemplo 4

UMA PROPOSTA PARA A LEITURA E NOTAÇÃO DAS CIFRAS

A notação de cifras usada neste livro se baseia nos critérios apresentados adiante:

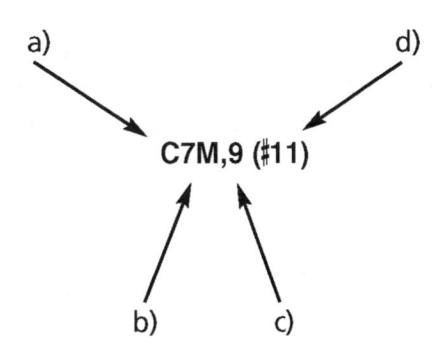

a) ↘ d) ↙
C7M,9 (#11)
b) ↗ c) ↖

a) Indica a fundamental do acorde e a qualidade da tríade (se maior, menor, diminuta etc.).

b) Indica o tipo de sétima da tétrade. Se propõe que o sétimo grau seja especificado e não subentendido.

c) Indica a extensão do acorde (9,11,13).

d) Indica as alterações. Estas são indicadas, normalmente, entre parênteses, para facilitar sua identificação. A alteração comporta o aumentar ou diminuir de um semi-tom, das notas do acorde ou de sua extensão. A mistura de extensões e alterações pode sugerir o uso ou não dos parênteses, como, por exemplo, no caso da escrita C7(♭5,9).

Outras convenções utilizadas nas cifras

A barra transversal
Uma das convenções usadas hoje no sistema de cifras é a barra transversal. Ela é usada em duas ocasiões diferentes. A primeira se refere à indicação de uma determinada inversão do acorde. Por exemplo:

C na primeira inversão: = C/E

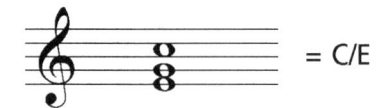

C na segunda inversão: = C/G

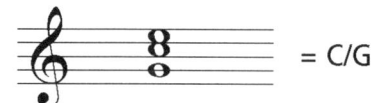

A segunda é para indicar um acorde sobre um baixo diferente da própria fundamental e das notas das inversões. Na presença da barra transversal, a primeira cifra representa o acorde e a segunda indica o baixo. Por exemplo, o acorde seguinte pode ser escrito como Bb/C.

Exemplo 5

Pode acontecer que um acorde seja indicado com duas barras transversais. O acorde do exemplo 6 pode ser cifrado como F#/F/C. Isso pode ajudar, também, na realização da disposição que o autor quis indicar.

Exemplo 6

A barra horizontal
A barra horizontal indica a sobreposição de dois acordes. A cifra do acorde apresentado a seguir, escrita de forma extensa, é: C7M,9,#11,13. Em vez dessa cifra muito extensa, pode-se usar uma forma graficamente mais simples, a qual se baseia no princípio da sobreposição de acordes.

Exemplo 7

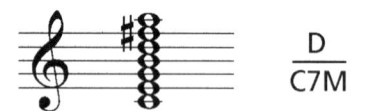

$\dfrac{D}{C7M}$

Nota-se que a parte de cima do acorde (9,#11,13) forma uma nova tríade sobreposta à tétrade de base – no exemplo a tríade de D acima da tétrade de C7M.

É possível, ainda, a presença das duas barras – a transversal e a horizontal – ao mesmo tempo:

Exemplo 8

$\dfrac{F\#m}{Em/B}$

2. NOTAS ACIDENTAIS E SUAS TIPOLOGIAS

A teoria tradicional define algumas tipologias de notas caracterizadas por movimentos melódicos específicos. São as notas acidentais, que não pertencem ao acorde, chamadas, também, de dissonâncias melódicas. Evidenciam-se aqui as mais comuns. Ao longo do livro, serão usadas essas definições quando for necessário.

- **Nota de passagem:** ocorre em tempo não acentuado; sua função é a de ligar entre si duas notas do acorde por graus conjuntos.

- **Nota auxiliar (ou bordadura):** ocorre em tempo não acentuado, retornando em direção à nota do acorde. Pode ser ascendente ou descendente.

- **Appogiatura:** ocorre em tempo forte, atrasando a nota do acorde.

- **Suspensão:** ocorre em tempo forte, mas, de forma diferente da *appogiatura*, é preparada por uma nota do acorde.

- **Nota pedal:** é a nota que, sustentada durante algumas mudanças harmônicas, se coloca como elemento estático no proceder da progressão de acordes.

- **Nota escapada:** a partir de uma nota do acorde por grau conjunto, ascendente ou descendente, vai para outra nota do acorde em direção contrária através de salto.

- **Nota cambiata:** a partir de uma nota do acorde por grau conjunto, ascendente ou descendente, vai para outra nota do acorde na mesma direção.

- **Antecipação:** ocorre no tempo anterior à nota do acorde, antecipando sua colocação.

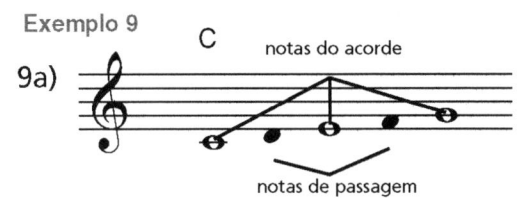

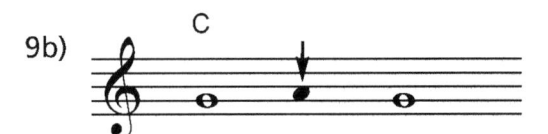

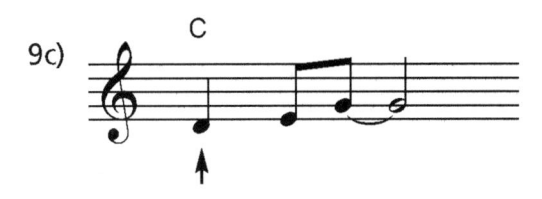

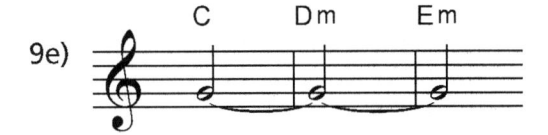

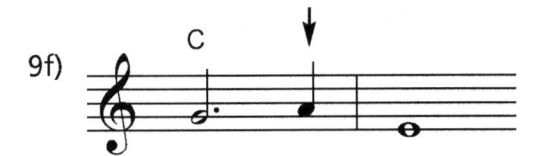

- **Appogiatura dupla:** duas notas estranhas ao acorde "cercam" uma nota do acorde, um semitom ou um tom acima ou abaixo desta. Pouco importa a ordem das duas notas de dissonância melódica.

3. ESTUDO DE ESCALAS E EXERCÍCIOS

Sugiro estudar as escalas e os exercícios de técnica utilizando uma velocidade progressiva. Comece lentamente, anotando a velocidade e, quando se sentir confortável, aumente-a gradualmente. Estude sempre com um metrônomo. Pratique ciclos de 10 minutos e descanse alguns logo em seguida.

ESTUDO COM OS ACENTOS
Pratique as escalas acentuando cada grupo de quatro notas. Aplique quatro variações de acentos:

Aplique os acentos um de cada vez, assim como evidenciado abaixo:

- Acento sobre a primeira nota de cada grupo de quatro notas:

Uma maneira interessante de estudar as escalas é a indicada abaixo. Sugere-se o uso do metrônomo:

Trata-se de um estudo alternativo baseado nas escalas que oferece a possibilidade de concentrar a atenção nos acentos.

Acento sobre a segunda nota de cada grupo de quatro notas:

Com o acento na segunda nota, o estudo alternativo das escalas fica assim:

Acento sobre a terceira nota de cada grupo de quatro notas:

Com o acento na terceira nota, o estudo alternativo das escalas fica assim:

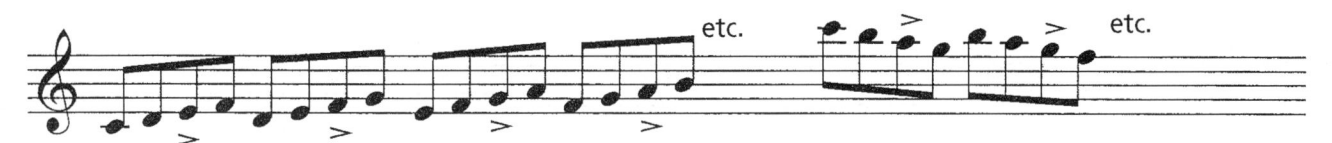

Acento sobre a quarta nota de cada grupo de quatro:

Com o acento na quarta nota, o estudo alternativo das escalas fica assim:

Outros exercícios sobre as escalas e as formas de aplicação nos improvisos são tratados especificamente no Volume 2.

4. ESTRUTURAS HARMÔNICAS PARA FINS DIDÁTICOS

Observe adiante algumas estruturas harmônicas sobre as quais serão desenvolvidos exercícios e solos:

- **Estrutura harmônica n° 1.** Essa estrutura e seus acordes podem ser aplicados, por exemplo, à música "Garota de Ipanema" (Tom Jobim), entre outras. A faixa 20 contém a base da estrutura harmônica (os acordes entre parênteses dos compassos 7-8 e 39-40 são opcionais):

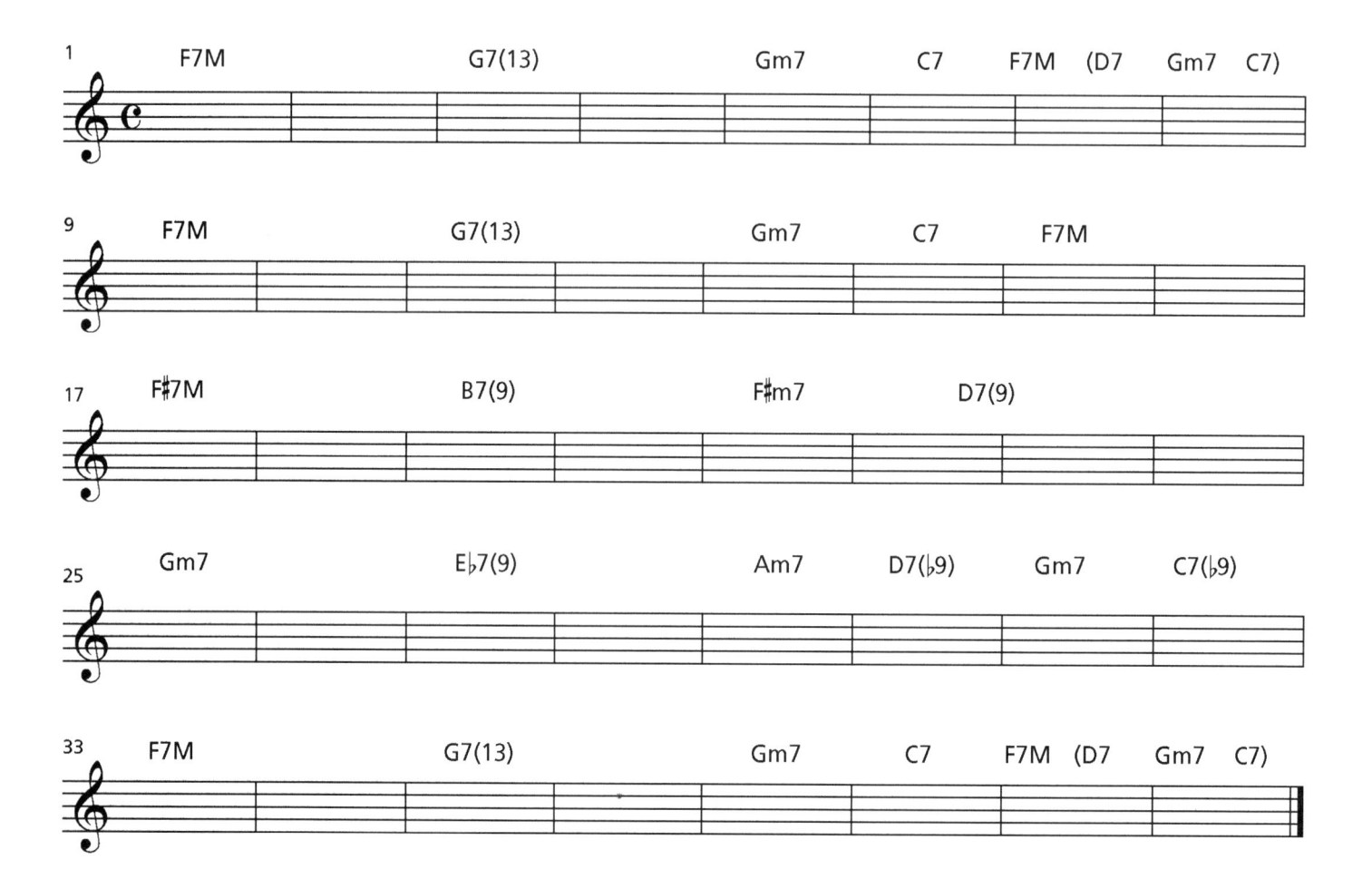

| 1 | F7M | G7(13) | Gm7 | C7 | F7M (D7 Gm7 C7) |

| 9 | F7M | G7(13) | Gm7 | C7 | F7M |

| 17 | F#7M | B7(9) | F#m7 | D7(9) |

| 25 | Gm7 | E♭7(9) | Am7 | D7(♭9) | Gm7 | C7(♭9) |

| 33 | F7M | G7(13) | Gm7 | C7 | F7M (D7 Gm7 C7) |

- **Estrutura harmônica nº 2**. Essa estrutura e seus acordes podem ser aplicados, por exemplo, à música "Afinando" (Turi Collura) ou à música "Tune up" (Miles Davis), entre outras. A faixa 3 contém a base desta estrutura harmônica.

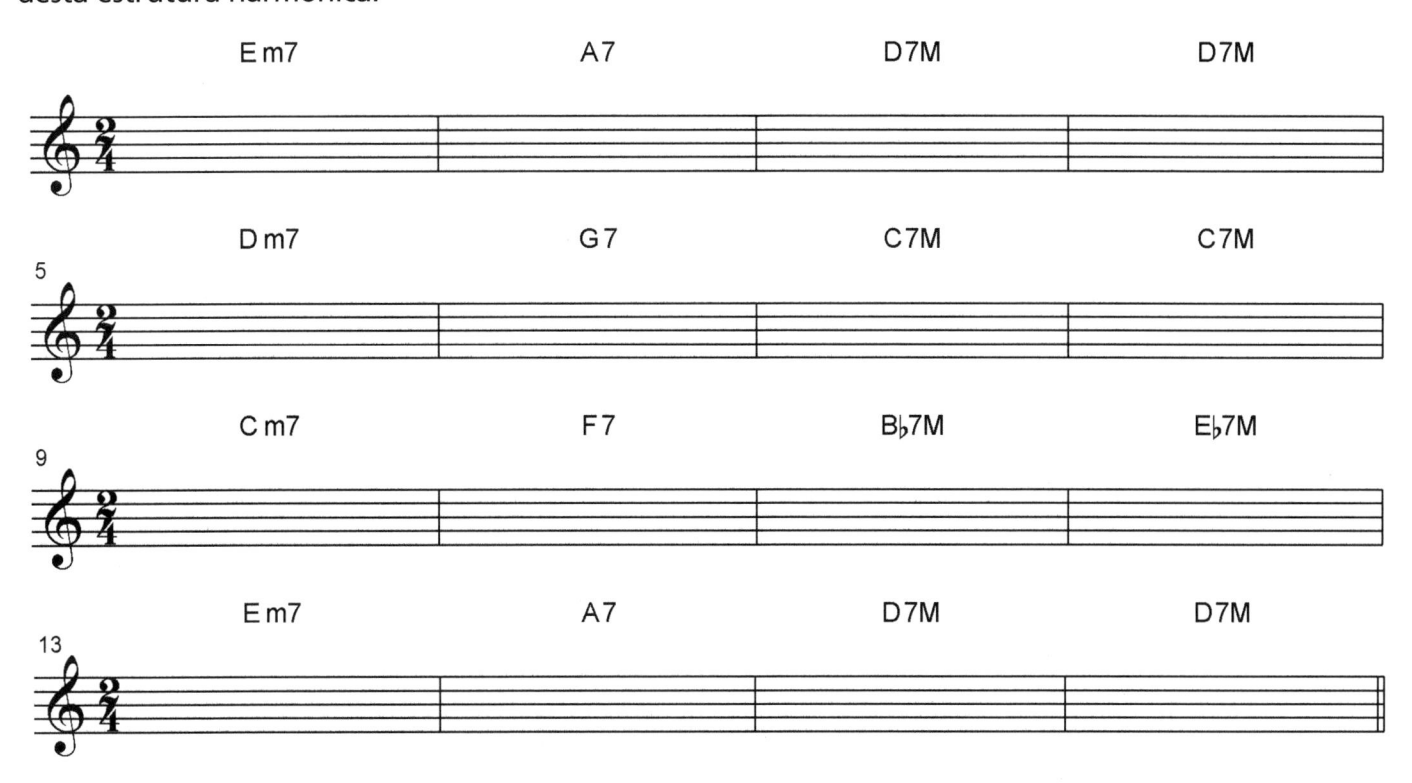

Em7	A7	D7M	D7M
Dm7	G7	C7M	C7M
Cm7	F7	B♭7M	E♭7M
Em7	A7	D7M	D7M

- **Estrutura harmônica nº 3**. Essa estrutura e seus acordes podem ser aplicados, por exemplo, à música "Autumn Leaves" (Johnny Mercer), entre outras. A faixa 21 contém a base dessa estrutura harmônica.

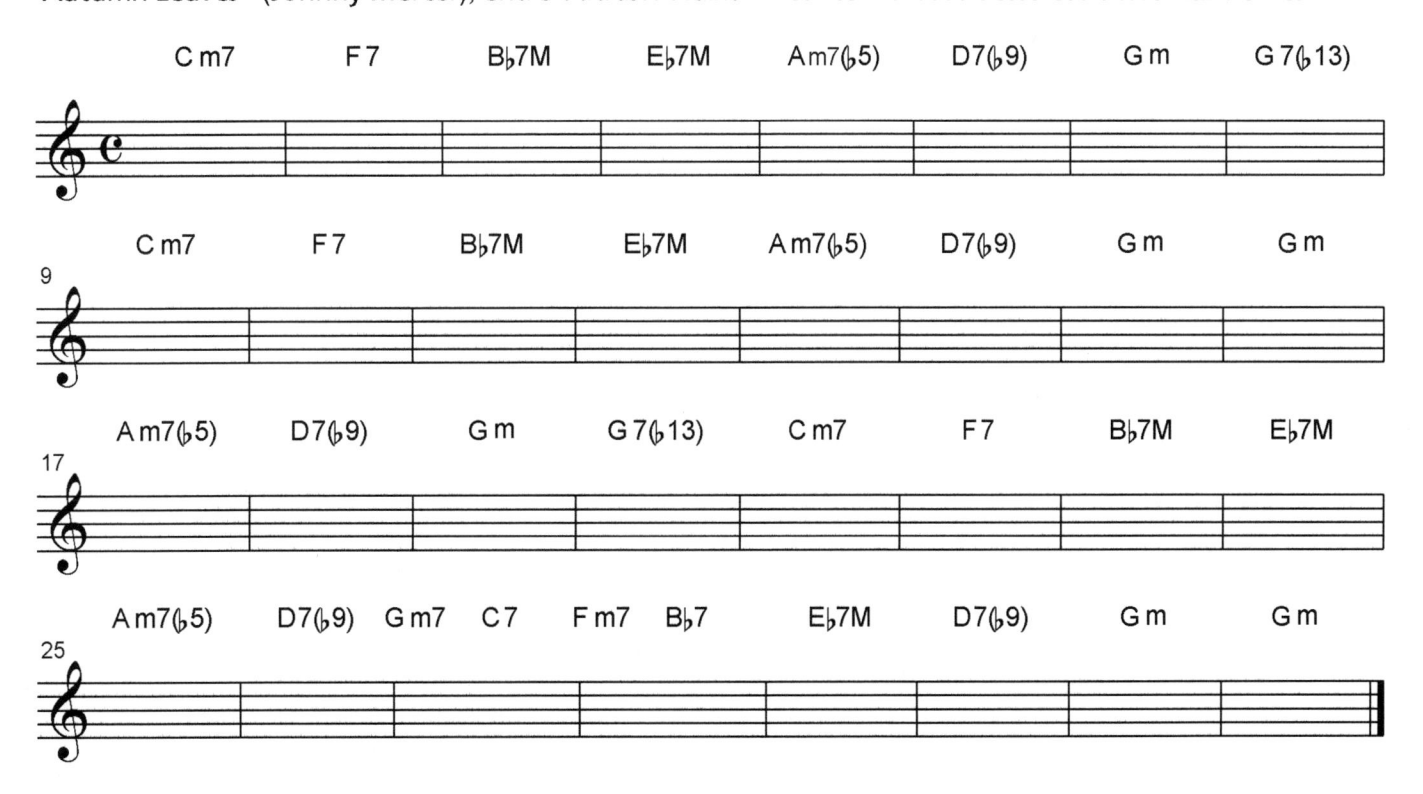

Cm7	F7	B♭7M	E♭7M	Am7(♭5)	D7(♭9)	Gm	G7(♭13)
Cm7	F7	B♭7M	E♭7M	Am7(♭5)	D7(♭9)	Gm	Gm
Am7(♭5)	D7(♭9)	Gm	G7(♭13)	Cm7	F7	B♭7M	E♭7M
Am7(♭5)	D7(♭9)	Gm7	C7	Fm7	B♭7	E♭7M	D7(♭9)	Gm	Gm

Ao longo do livro, essas estruturas harmônicas serão indicadas com o próprio número ("Estrutura harmônica nº 1", "Estrutura harmônica nº 2", "Estrutura harmônica nº 3").

*Improvisar é fácil se isso se limita a ser um fator mecânico.
É diferente se penso que é a minha última ocasião de dizer aos outros
o que sei, de dizer a mim mesmo o que sei agora que não sabia antes.*

Keith Jarrett

2. INTRODUÇÃO À IMPROVISAÇÃO TEMÁTICA E À IMPROVISAÇÃO VERTICAL

1. IMPROVISAÇÃO TEMÁTICA

Quando a improvisação se desenvolve em uma música caracterizada por uma estrutura formal definida (o que acontece na maioria das vezes), uma das formas possíveis para o improviso é a de expandir, variar, reelaborar o tema principal. Essa é uma prática interessante, através da qual é possível alcançar elevados níveis de criatividade. Por ser baseada no tema, constitui um tipo de improvisação temática. Neste caso, a improvisação se constrói a partir de elementos da melodia dada, os quais podem ser elaborados de várias maneiras. As possibilidades de elaboração temática serão aprofundadas no Volume 2. Apresento neste volume um tema, que acompanhará o nosso estudo, servindo como modelo sobre o qual serão construídos vários exemplos e exercícios:

🔊 2-1

AFINANDO

Turi Collura

[partitura musical — "Afinando", 16 compassos, com cifras: Em7, A7, D7M, D7M, Dm7, G7, C7M, C7M, Cm7, F7, Bb7M, Eb7M, Em7, A7(b13), D7M]

A maioria das músicas de nossa cultura "não erudita" possui uma estrutura cíclica, de poucos compassos: 12, 16, 32, por exemplo. A música acima apresentada, por exemplo, é composta por dezesseis compassos. A prática ocidental, reforçada pelo jazz, consolidou o hábito de executar um tema musical para, logo depois, improvisar sobre a sua estrutura harmônica (em inglês chamada de *chorus*) para, finalmente, expor novamente o tema e terminar a música.

(**Tema** → Improviso construído em cima da estrutura harmônica cíclica → **Tema**)

A estrutura harmônica cíclica oferece a possibilidade de recomeçar *Da Capo*, permitindo ao músico improvisar quanto tempo desejar. Na prática da improvisação temática é possível usar elementos como os ornamentos (*appogiatura, mordente, portamento* etc.); estes representam a forma mais sutil de variação temática. Os ornamentos são mais considerados como elementos interpretativos, recursos auxiliares, do que ferramentas consistentes de improvisação. Ao longo da obra serão apresentadas várias abordagens para desenvolver a improvisação temática que, de forma mais consistente, se baseiam na variação melódica. Isso implica o uso de várias técnicas. A improvisação baseada na variação melódica é, por exemplo, muito praticada no choro, no qual dificilmente se perde de vista a melodia originária. Nesse caso de improvisação temática é possível, muitas vezes, "enxergar" o tema da música. Outras vezes, usam-se os elementos temáticos como ponto de partida para desenvolver novas direções melódicas.

Exemplo 10 Variação melódica do tema "Afinando". 🔊 2-2

Análise da melodia:
- Compassos 1-4: variações rítmicas do tema.
- Compassos 4: ornamento melódico.
- Compassos 5-8: mesmo tratamento rítmico-melódico dos compassos 1-4.
- Compassos 9-10: mesmo tratamento rítmico-melódico dos compassos 1-2 e 5-6.
- Compassos 11-12: tema original.
- Compassos 13-14: células rítmico-melódicas (sobre as células rítmico-melódicas veja os capítulos 3, 4 e o 2º volume desta obra).

A forma mais simples de improvisação temática é a da variação, como no caso do exemplo acima, seja essa mais ou menos elaborada. Outra possibilidade é a de pegar uma célula rítmico-melódica (o motivo, composto por um ritmo definido e por algumas notas) e desenvolvê-la de forma diferente. Esse ponto será abordado mais detalhadamente à frente. Interessante ressaltar que esse tipo de composição melódica, ajuda a produzir coerência, lógica, compreensibilidade e fluência no discurso melódico.

2. IMPROVISAÇÃO VERTICAL: O FOCO NAS NOTAS DOS ACORDES

A abordagem vertical da improvisação se baseia nos acordes da música. O acorde se torna o elemento principal, a partir do qual propõem-se elaborações. Na abordagem vertical, o acorde é, a princípio, considerado de forma independente do contexto e de sua funcionalidade tonal. As suas notas são o centro ao redor do qual construímos elaborações, usando técnicas de abordagem diatônico-cromática. Considero essa abordagem muito importante, por várias razões que se tornarão claras ao longo deste livro. De forma diferente, a improvisação horizontal se baseia na correlação escala/acorde; esta será tratada no Volume 2. Somente para fins didáticos, as abordagens são separadas, sendo que, durante a composição de uma melodia, ora escrita, ora improvisada, essas práticas se misturam e, às vezes, não é possível identificar onde termina uma e começa a outra.

São apresentadas neste volume algumas abordagens às notas dos acordes. Trata-se de técnicas de base tanto simples quanto úteis. Sugiro aplicar os conceitos apresentados sobre várias músicas, pois essa prática se revelará de grande ajuda.

A faixa 3 contém a base da **Estrutura harmônica n°2** (a da música "Afinando"), para você treinar seus improvisos e os próximos exercícios, que são baseados na harmonia dessa música. Os exercícios de 1 a 6, adiante apresentados, são acompanhados pelos próprios exemplos musicais nas faixas de 4 a 10.

ARPEJANDO OS ACORDES

Diante de uma partitura, comece praticando os arpejos dos acordes.

Exercício nº 1. Pratique os arpejos dos acordes da música "Afinando" junto à base. 🔊) 4

APROXIMAÇÕES CROMÁTICAS ÀS NOTAS DOS ACORDES

Às notas dos acordes é possível adicionar outras notas, assim como proposto nas próximas fórmulas.

Fórmula nº 1: Aproximação cromática ao primeiro grau, frase ascendente (cr-1-3-5).

A partir da tríade do acorde (mesmo quando o acorde é composto por uma tétrade) se pratica uma aproximação cromática ao primeiro grau. Constrói-se, assim, um grupo de quatro notas: três, que fazem parte do acorde (1°-3°-5° graus, sempre respeitando o tipo de acorde: maior, menor, diminuto, etc.) e uma nota de aproximação cromática: (cr-1-3-5). A nota de aproximação cromática se encontra sempre um semitom abaixo do primeiro grau.

Exercício nº 2. Pratique a aproximação cromática ao primeiro grau dos acordes da música "Afinando". 🔊 5

[Partitura musical com os acordes: Em7, A7, D7M, D7M, Dm7, G7, C7M, C7M, Cm7, F7, Bb7M, Eb7M, Em7, A7, D7M, D7M. Indicações: cr 1 b3 5 / cr 1 3 5 / cr 1 3 5 / cr 1 3 5]

Fórmula nº 2: Aproximação cromática ao terceiro grau, frase ascendente (cr-3-5-7).
A partir das notas 3-5-7 de cada acorde, pratica-se uma aproximação cromática ao terceiro grau. Aqui, também, estão sendo usadas três notas do acorde e uma nota de aproximação cromática: (cr-3-5-7).

Exercício nº 3. Pratique a aproximação cromática ao terceiro grau dos acordes da música "Afinando". 🔊 6

[Partitura musical com os acordes: Em7, A7, D7M, D7M, Dm7, G7, C7M, C7M, Cm7, F7, Bb7M, Eb7M, Em7, A7, D7M, D7M. Indicações: cr b3 5 b7 / cr 3 5 b7 / cr 3 5 7 / cr 3 5 7]

Os números que indicam a composição das fórmulas (por exemplo cr-1-3-5; cr-3-5-7 e das que virão em seguida) se referem aos graus dos acordes; faz-se necessária a adaptação da fórmula ao tipo de acorde. No caso, por exemplo, de um acorde de Em7, as primeiras duas fórmulas se transformam em (cr-1-b3-5) e (cr-b3-5-b7). Aplique essas primeiras fórmulas em outras músicas. Visualize as tríades e comece a "sentir" o movimento da nota de aproximação para a nota do acorde.

Capítulo 2 - Introdução à improvisação temática e à improvisação vertical

Fórmula nº 3: Aproximação cromática ao primeiro grau, frase descendente (cr-1-↓5-↓3).

A nota de aproximação cromática é aplicada ao 1º grau: (cr-1-↓5-↓3). A seta ↓ indica que as notas estão sendo colocadas uma oitava abaixo, invertendo o arpejo composto pelas notas do acorde.

Exercício nº 4. Aplique a fórmula nº 3 aos acordes da música "Afinando". 🔊 **7**

Fórmula n° 4: Aproximação cromática ao terceiro grau, frase descendente (cr-3-↓♭7-↓5).

Exercício nº 5. Aplique a fórmula nº 4 aos acordes da música "Afinando". 🔊 **8**

Fórmula n° 5: Aproximação cromática ao quinto grau, frase descendente (cr-5-3-1).

Exercício n° 6. Aplique a fórmula n° 5 aos acordes da música "Afinando". 🔊 9

Pratique essas primeiras cinco fórmulas no seu cotidiano; aplique-as em várias músicas, até a prática ser assimilada. Com o tempo, verá que elas se tornam sempre mais fáceis.

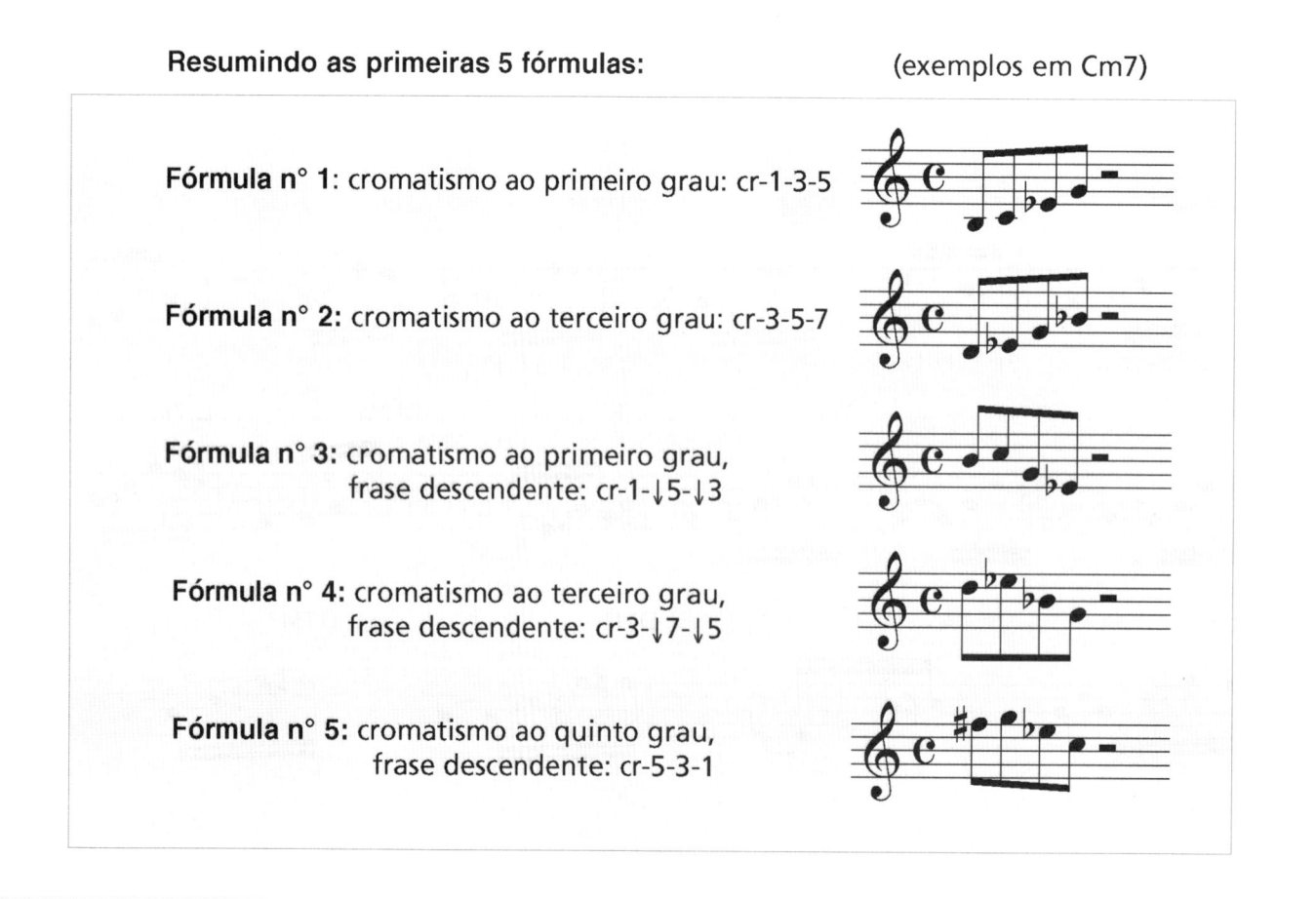

Resumindo as primeiras 5 fórmulas: (exemplos em Cm7)

Fórmula n° 1: cromatismo ao primeiro grau: cr-1-3-5

Fórmula n° 2: cromatismo ao terceiro grau: cr-3-5-7

Fórmula n° 3: cromatismo ao primeiro grau, frase descendente: cr-1-↓5-↓3

Fórmula n° 4: cromatismo ao terceiro grau, frase descendente: cr-3-↓7-↓5

Fórmula n° 5: cromatismo ao quinto grau, frase descendente: cr-5-3-1

Fórmula n° 6: A fórmula n° 6 é muito importante. O seu estudo requer dedicação e tempo de prática maiores do que as fórmulas precedentes. Essa fórmula se divide em duas versões, dependendo se a tríade do acorde ao qual a aplicamos é maior ou menor. Sobre um acorde cuja tríade é maior, junta-se às notas da tríade o segundo grau. Sobre um acorde com tríade menor, junta-se às notas da tríade o quarto grau. Veja (exemplo em C):

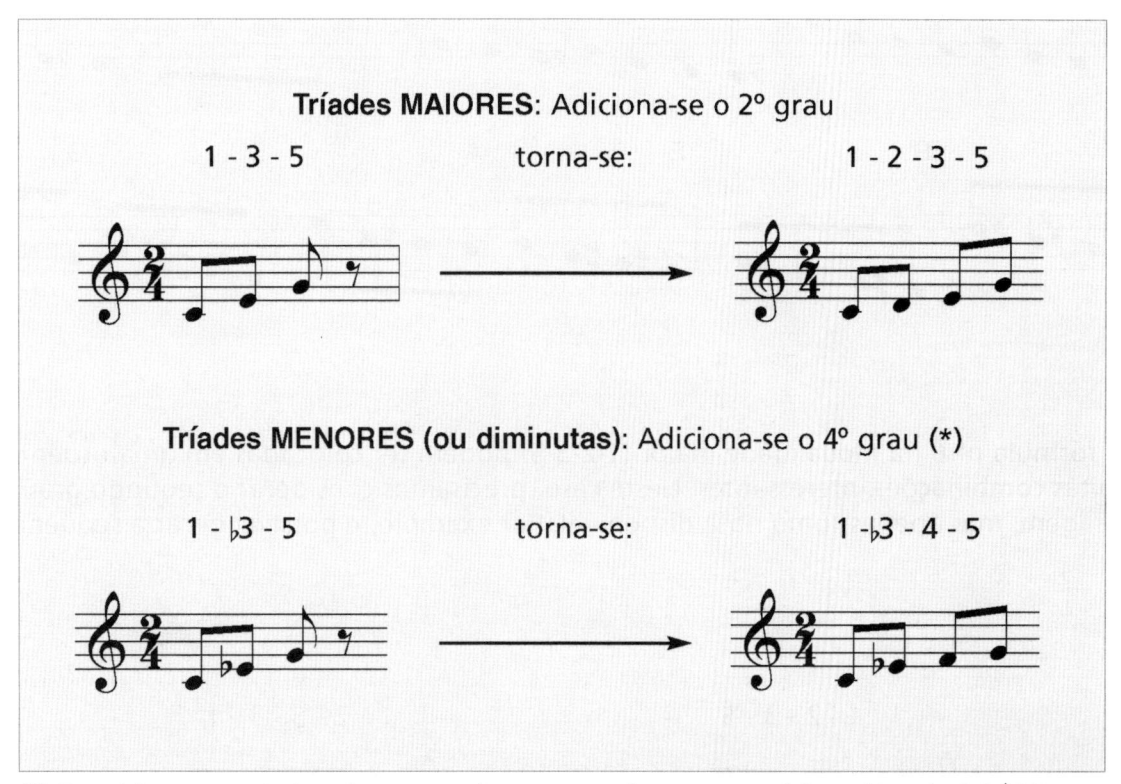

Tríades MAIORES: Adiciona-se o 2° grau

1 - 3 - 5   torna-se: 1 - 2 - 3 - 5

Tríades MENORES (ou diminutas): Adiciona-se o 4° grau (*)

1 - ♭3 - 5   torna-se: 1 - ♭3 - 4 - 5

(*) Em vários casos relacionados ao acorde menor, pode-se usar também a fórmula 1-2-♭3-5; por exemplo, no caso em que o acorde menor tenha função de I, de II ou de VI, ou ainda no caso em que um acorde meio-diminuto tenha a 9ª maior. Veja, para esses conceitos, o Volume 2.

Exercício n° 7. Aplicação da fórmula n° 6 aos acordes da música "Afinando". 🔊 10

Exercício nº 8. Estudo da fórmula nº 6 na modalidade maior (1-2-3-5) para todos os tons. 🔊 11

As notas da fórmula nº 6 na modalidade maior (1-2-3-5) podem ser colocadas em uma ordem diferente, gerando muitas combinações interessantes. Neste caso, precisamos considerar o segundo grau não como nota de passagem, mas apenas como nota disponível. Por exemplo, é possível gerar a seqüência 2-5-3-1:

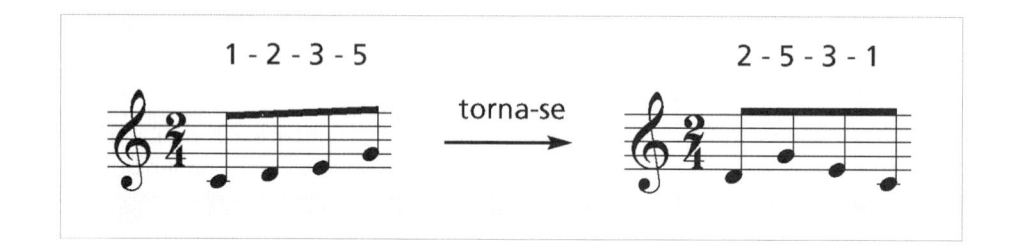

Exercício nº 9. Prática da seqüência 2-5-3-1 em todos os tons. 🔊 12

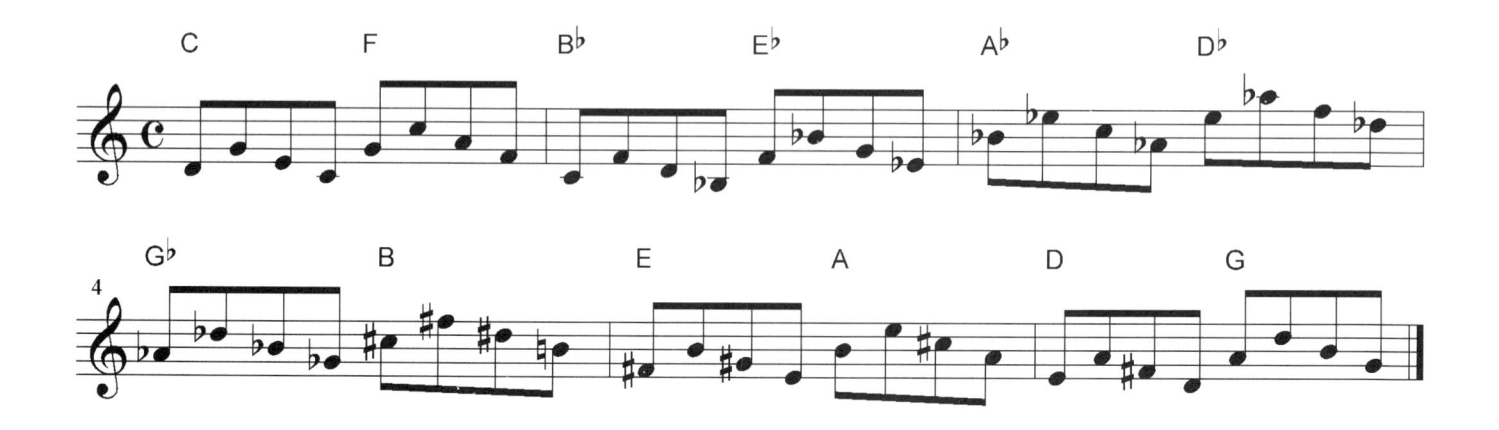

Outras combinações possíveis das notas 1-2-3-5

Mudando a ordem das notas 1-2-3-5, aplicáveis em qualquer tríade maior, obtemos numerosas combinações. Confira abaixo todas as combinações baseadas na tríade de C:

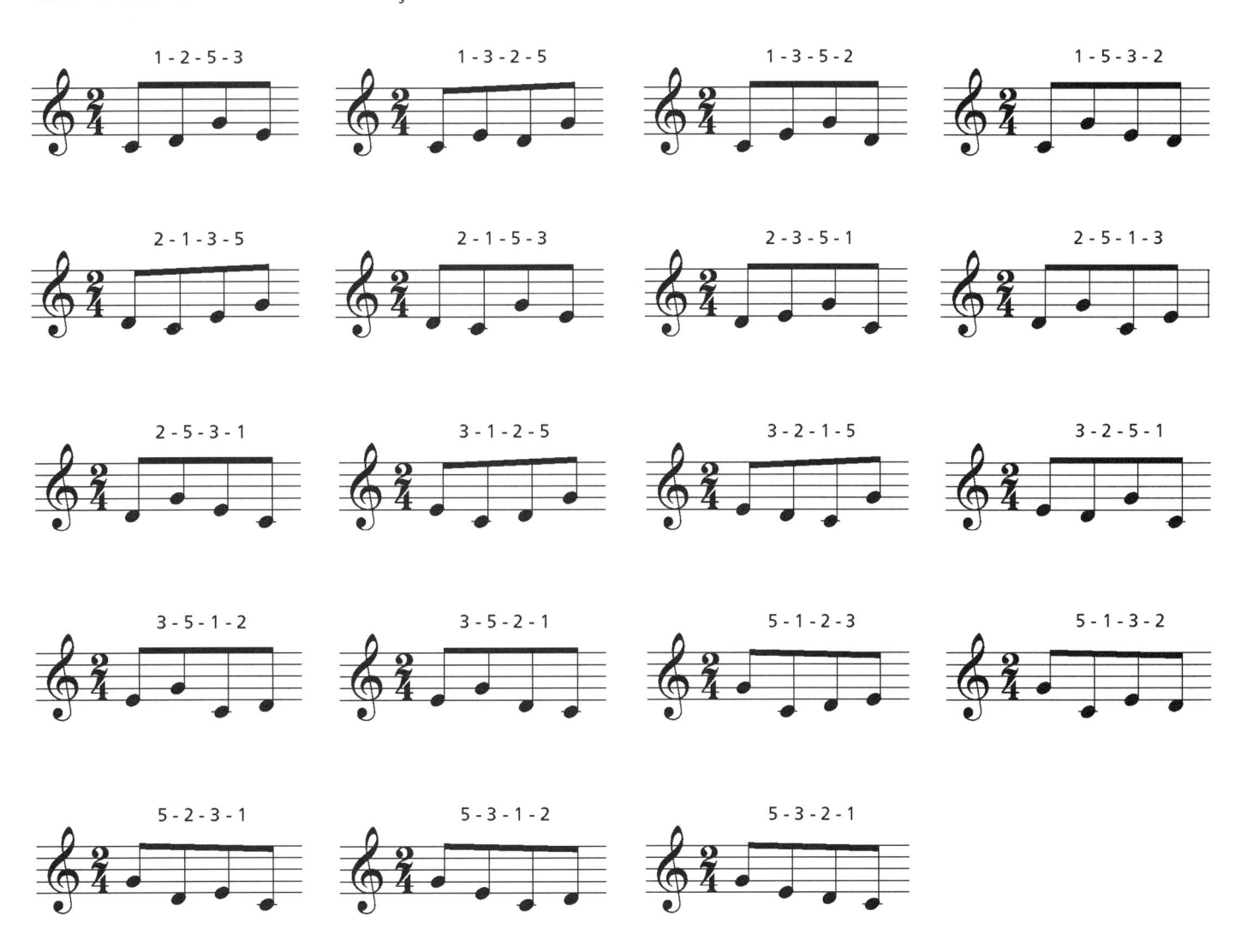

1 - 2 - 5 - 3   1 - 3 - 2 - 5   1 - 3 - 5 - 2   1 - 5 - 3 - 2

2 - 1 - 3 - 5   2 - 1 - 5 - 3   2 - 3 - 5 - 1   2 - 5 - 1 - 3

2 - 5 - 3 - 1   3 - 1 - 2 - 5   3 - 2 - 1 - 5   3 - 2 - 5 - 1

3 - 5 - 1 - 2   3 - 5 - 2 - 1   5 - 1 - 2 - 3   5 - 1 - 3 - 2

5 - 2 - 3 - 1   5 - 3 - 1 - 2   5 - 3 - 2 - 1

Exercício nº 10. Escolha duas (ou mais) combinações de que você mais gosta e pratique-as **em todos os tons**, de forma parecida com o exercício nº 9. Utilize a faixa 13.

Exercício nº 11. Estudo da fórmula nº 6 na modalidade menor (1-♭3-4-5) em todos os tons. 🔊 14

Cm   Fm   B♭m   E♭m   A♭m   D♭m

G♭m   Bm   Em   Am   Dm   Gm

OUTRAS COMBINAÇÕES DA FÓRMULA N° 6 EM MENOR 1-♭3-4-5

Mudando a ordem das notas 1-♭3-4-5 aplicadas em qualquer tríade menor, obtemos as combinações abaixo (todas as combinações baseadas na tríade de Cm):

1 - ♭3 - 5 - 4   1 - 4 - ♭3 - 5   1 - 4 - 5 - ♭3   1 - 5 - ♭3 - 4

1 - 5 - 4 - ♭3   ♭3 - 1 - 4 - 5   ♭3 - 1 - 5 - 4   ♭3 - 4 - 5 - 1

♭3 - 5 - 1 - 4   ♭3 - 5 - 4 - 1   4 - 1 - ♭3 - 5   4 - 5 - 1 - ♭3

4 - 5 - ♭3 - 1   4 - ♭3 - 1 - 5   4 - ♭3 - 5 - 1   5 - 1 - ♭3 - 4

5 - 1 - 4 - ♭3   5 - 4 - ♭3 - 1   5 - ♭3 - 4 - 1

Exercício n° 12. Escolha as combinações de que você mais gosta e pratique-as **em todos os tons**, usando como base a faixa 15.

Repare que o critério de combinar as notas de forma diferente pode ser aplicado, também, às notas dos arpejos. As notas 1-3-5-7 podem se tornar 1-3-7-5; 3-5-1-7; 5-3-1-7; etc.

RESUMINDO

- **Fórmula n° 6** quando a tríade é maior (por exemplo C7M, C7): **1-2-3-5**

Quando o acorde maior apresenta alterações no 5° grau (por exemplo: C7M♯5, C7♯5), a fórmula, devendo respeitar as notas do acorde, modifica-se (no caso 1-2-3-♯5).

- **Fórmula n° 6** quando a tríade é menor (por exemplo Cm7): **1-♭3-4-5**

No caso de acordes diminutos ou meio-diminutos, a fórmula se modifica para respeitar as notas do acorde, transformando-se em 1-♭3-4-♭5.

Notas Guias

Denominam-se notas guias as notas mais importantes de um acorde; estas são, muitas vezes, o terceiro e sétimo graus (ou o sexto). As notas guias são ditas, também, notas características do acorde. Isto porque são, na música tonal, as notas que definem melhor a sua característica (se maior, menor, dominante etc.). Torna-se útil aprender a evidenciar, em termos melódicos, as notas guias de cada acorde. Os exemplos seguintes mostram as notas guias da música "Afinando". O exemplo nº 11 coloca sempre o terceiro grau antes do sétimo; já o exemplo nº 12 utiliza algumas inversões para organizar as duas notas de forma mais fluente.

Exemplo 11 As notas guias da música "Afinando". 🔊 16-1

Depois de evidenciadas as notas guias, procuramos fazer umas inversões para que se formem melodias com poucos saltos. O exemplo seguinte mostra como, invertendo a seqüência das duas notas do segundo compasso de cada linha, se cria uma continuidade melódica. Veja e complete o exemplo.

Exemplo 12 🔊 16-2

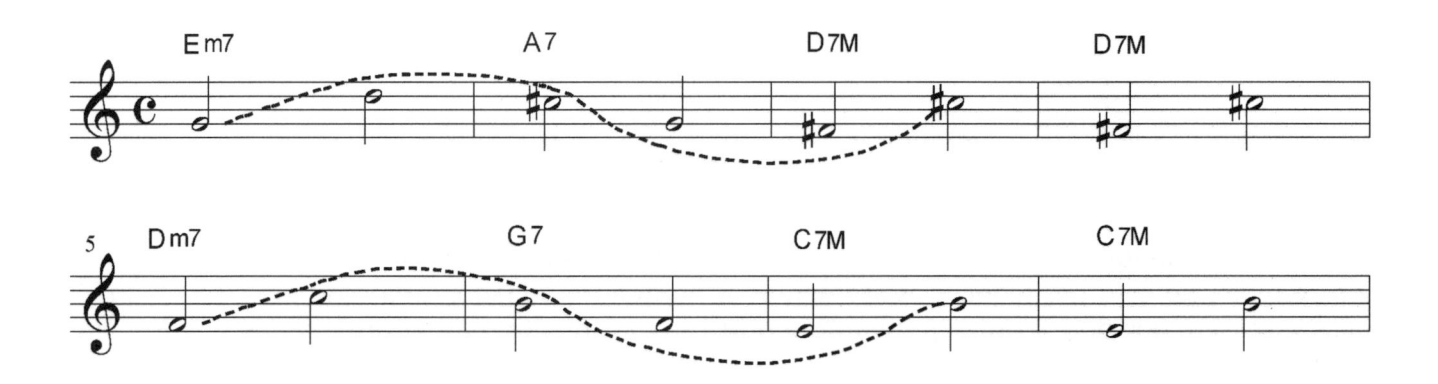

(completar as notas guias do exemplo 12)

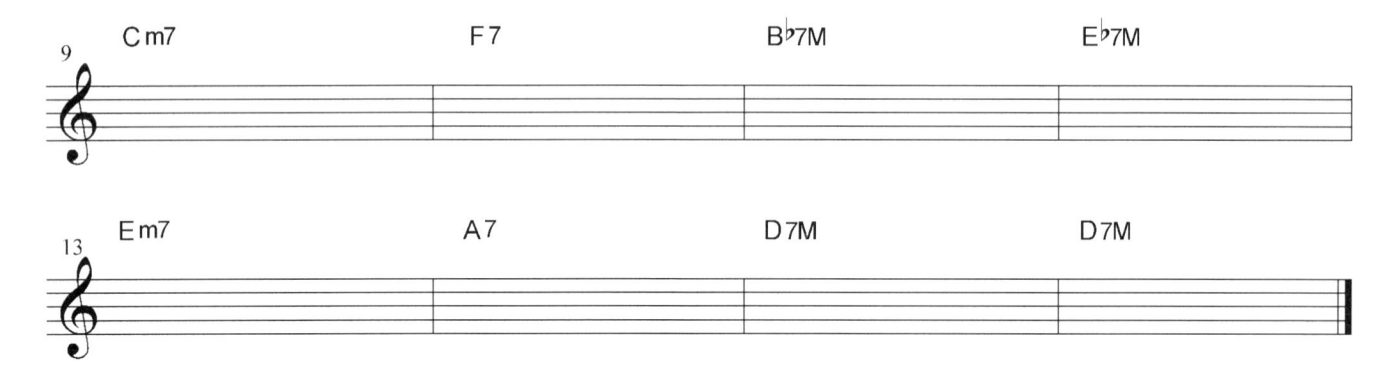

| Cm7 | F7 | B♭7M | E♭7M |

| Em7 | A7 | D7M | D7M |

A tabela seguinte mostra, para cada tipologia de acorde, quais são as possíveis notas guias:

Tipo de acorde	notas guias		
maior com 7M	3	7M	
maior com 6	3	6	
menor com 7	♭3	♭7	
menor com 7M	♭3	7M	
menor com 6	♭3	6	
dominante	3	♭7	
7sus4	4	♭7	
meio-diminuto	♭3	♭7	♭5
diminuto	♭3	♭♭7 (6)	♭5

A terceira coluna de notas guias indica notas guias alternativas; em acordes meio-diminutos e diminutos, a nota ♭5 pode representar uma nota característica do acorde.

Normalmente, a 5ª alterada pode constituir nota característica (isso vale também no caso de acordes de dominante que tenham o quinto grau alterado).

SUGESTÕES PARA LIGAR AS NOTAS GUIAS DOS ACORDES, BUSCANDO CONTINUIDADE MELÓDICA
Existem dois critérios para se ligar as notas guias de dois ou mais acordes, tornando-as próximas:

1. Observar se os acordes têm alguma nota em comum e, se existir, mantê-la na mesma altura (como evidenciado pelas linhas contínuas do exemplo 13).
2. Procurar o caminho mais próximo entre as notas (como evidenciado pelas linhas pontilhadas do exemplo 13).

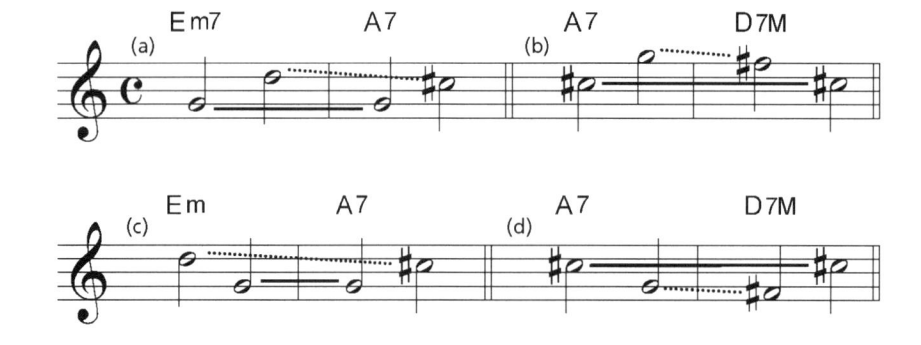

Exemplo 13

Observe que, quando os acordes estão em seqüências de quintas descendentes, como, por exemplo, no caso das seqüências apresentadas no quadro ao lado, uma das notas guias é comum aos dois acordes, enquanto a outra se movimenta diatonicamente (as seqüências de acordes por quintas descendentes serão tratadas no Volume 2.

Seqüências:
V-I
II-V-I
VI-II-V-I
III-VI-II-V-I
etc.

Capítulo 2 - Introdução à improvisação temática e à improvisação vertical

Ao aprender uma música nova é muito útil conhecer e saber tocar as notas guias. Elas são os pilares tonais ao redor dos quais é possível começar a construir novas frases. Além disso, as notas guias ajudam a evidenciar a passagem de um acorde para outro. Ao começar uma frase musical, experimente iniciar por uma nota guia; ela será sempre uma boa opção. As notas guias podem, obviamente, ser misturadas às outras notas dos acordes (a fundamental e quinto grau, mas também a eventuais extensões como 9, 11 e 13). Ao improvisar, experimente conduzir uma nota guia de um acorde para uma nota guia do acorde sucessivo.

Exemplo 14 Improviso sobre a **Estrutura harmônica n° 3**, usando as notas guias. 🔊)) 17

A melodia do exemplo 14 é baseada nas notas guias, com pequenos auxílios de outras notas. Estas últimas são notas de aproximação diatônico-cromática e serão tratadas no Capítulo 4.

Análise da melodia
- Compasso 1: uso das duas notas guias de Cm7 e de uma nota de aproximação cromática.
- Compasso 2: a nota Si♭ é prolongada até se movimentar para a nota Lá (nota guia de F7 e de B♭7M).
- Compasso 3: uso das duas notas guias de B♭7M e de uma nota de aproximação diatônica.
- Compasso 4: uso das duas notas guias de E♭7M. A nota Dó pode ser considerada a antecipação de uma das notas guias do acorde sucessivo, o Am7(♭5); o Si♭, quinto grau do acorde de E♭7M, está nesse ponto como nota auxiliar entre as duas notas Dó.
- Compasso 5: uso das notas guias Dó (♭3) e Mi♭; este último é o ♭5 do acorde; tratando-se de um acorde meio-diminuto é interessante evidenciar o ♭5; a nota Ré é aproximação ao ♭5.
- Compasso 6: uso das duas notas guias com um Fá natural que é nota de aproximação ao 3° grau do acorde. A nota Si♭ é uma antecipação de uma das notas guias do acorde sucessivo, o Gm7, e o Lá é uma nota auxiliar entre as duas notas Si♭.
- Compasso 7: a cifra não especifica nenhum sétimo grau. Neste caso, o uso da oitava ou do quinto grau representa boa escolha.

UTILIZAR AS NOTAS DOS ACORDES NA CONSTRUÇÃO MELÓDICA
Ao improvisar sobre uma música, experimente mapear algumas notas específicas dos acordes e aprenda a tocá-las sempre na mesma seqüência. Quando estiver familiarizado com essa seqüência, experimente praticar, ao redor dessas notas, embelezamentos e notas de aproximação diatônico-cromática (serão amplamente tratadas no Capítulo 4). Outra atividade interessante é a de ligar uma nota a outra através de notas de menor duração provenientes das escalas (as escalas serão tratadas no Volume 2).

Exemplo 15 Aplicação das primeiras fórmulas sobre a **Estrutura harmônica n° 1:** 🔊 18

Análise da melodia:

- Os compassos 1-4 se baseiam nas notas dos acordes. O compasso 2 apresenta a fórmula n° 6.
- O compasso 5 apresenta a fórmula n° 6 em menor (1-♭3-4-5) em uma combinação diferente das notas.
- Os compassos 6-7 apresentam somente notas dos acordes.
- Na segunda metade do compasso 8 há um cromatismo múltiplo que leva ao compasso 9. Com o compasso 8 termina uma certa forma rítmica. Outra forma rítmica começa no compasso 9, terminando no compasso 12.
- Os compassos 9-12 usam notas dos acordes (com exclusão da nota Ré nos compassos 9-10, que representa o sexto grau do acorde).
- Compasso 13: apresenta notas do acorde.
- Compasso 14: apresenta um cromatismo que leva ao compasso 15. O que torna interessante essa melodia é a sua pronúncia rítmica. Confira a gravação.

Adquira as técnicas necessárias aos seus sonhos, crie as técnicas para servir os seus sonhos.

Chick Corea

Capítulo 2 - Introdução à improvisação temática e à improvisação vertical

PRIMEIROS EXERCÍCIOS PARA A CONSTRUÇÃO DE MELODIAS: RESUMINDO AS ABORDAGENS APRESENTADAS
Quando abordar a estrutura harmônica de uma música, para a construção de novas melodias, procure praticar os seguintes pontos (os exemplos abaixo estão baseados na **Estrutura harmônica nº 3**):

1. Tocar os arpejos de forma ascendente e descendente:

2. Tocar as notas guias:

3. Cromatizar as notas guias:

4. Praticar algumas inversões das notas guias para procurar o menor afastamento possível das notas entre um acorde e outro.

5. Aplicar as fórmulas de 1 a 6 e algumas de suas variações.

6. Ligar um acorde ao outro por meio de um movimento diatônico-cromático.

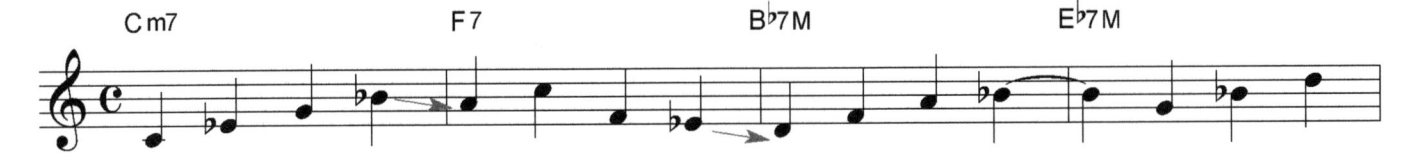

7. Praticar alguns embelezamentos às notas dos acordes.

Essas primeiras idéias podem ser praticadas em várias músicas de sua escolha.

3. ELEMENTOS RÍTMICOS

Não existe música sem ritmo. Mesmo assim, o ritmo é o elemento musical menos estudado quando se fala de improvisação. Por outro lado, sua importância é fundamental, e a prática de exercícios e de variações rítmicas se revela um elemento precioso entre os recursos à disposição de um improvisador. É muito mais importante uma boa colocação rítmica do que tocar notas "certas".

Variações rítmicas

As notas dos arpejos do exercício n° 1 podem ter outra colocação rítmica. Veja as variações abaixo.

Recordando a célula original do exercício n° 1:

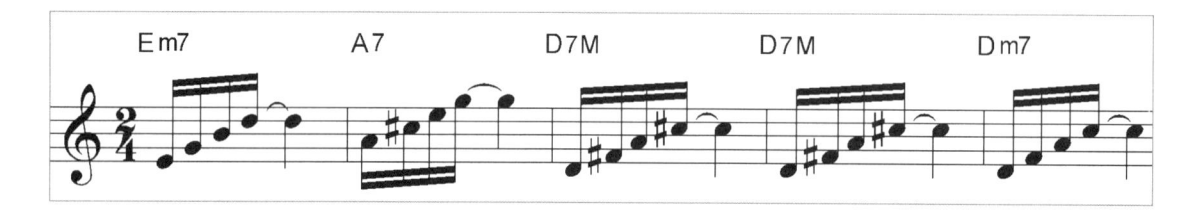

Apresento, agora, algumas variações rítmicas, com "sotaque brasileiro", da célula do exercício n° 1. Essas variações são aplicáveis às fórmulas de 1 a 6 e a outras apresentadas mais à frente. Pratique-as, para começar, sobre a harmonia da música "Afinando" (faixa 3) e depois sobre algumas músicas de sua escolha.

Capítulo 2 - Introdução à improvisação temática e à improvisação vertical

i) 
Em7
A7
D7M
...etc...

j) 
Em7
A7
D7M
...etc...

k) 
Em7
A7
D7M
...etc...

l) 
Em7
A7
D7M
...etc...

A riqueza rítmica é, muitas vezes, a chave para criar bons solos. Observe como as simples células melódicas apresentadas, baseadas nas notas dos acordes, quando variadas ritmicamente, se transformam em algo bem mais interessante. Veja os exemplos seguintes:

Criação de células rítmicas de dois compassos obtidas pela combinação de duas variações diferentes

Exercício nº 13. Aplique os seguintes padrões rítmicos à harmonia da música "Afinando". 3

a) 
Em7
A7
D7M
D7M
...etc...

b) 
Em7
A7
D7M
D7M
...etc...

Capítulo 2 - Introdução à improvisação temática e à improvisação vertical

Exercício nº 14
Escolha, ou invente, mais duas variações rítmicas a seu gosto e pratique-as. Pode continuar utilizando a Estrutura harmônica nº 2 (faixa 3) ou qualquer outra harmonia de sua escolha.

A próxima figura mostra como, por meio do ritmo, é possível criar frases "lógicas":

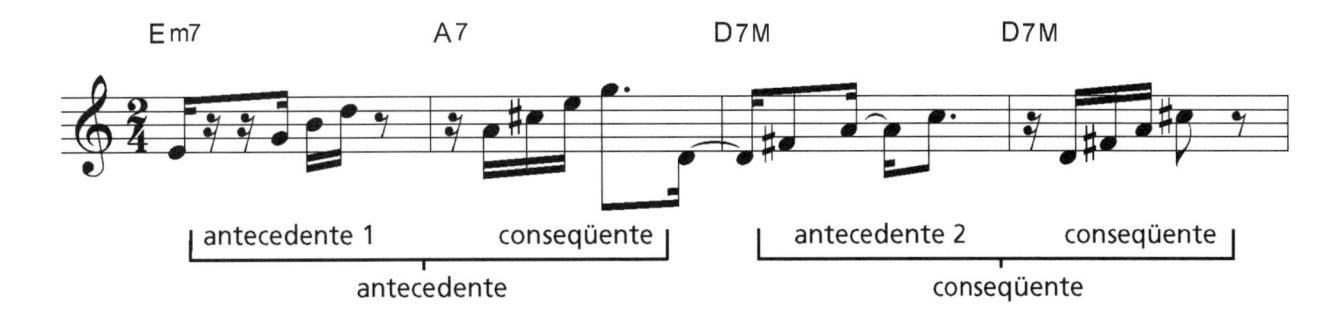

Os conceitos de antecedente e conseqüente melódico serão tratados, de forma detalhada, no Capítulo 3.

VARIAÇÕES COM SOTAQUES JAZZÍSTICO E POP

e) 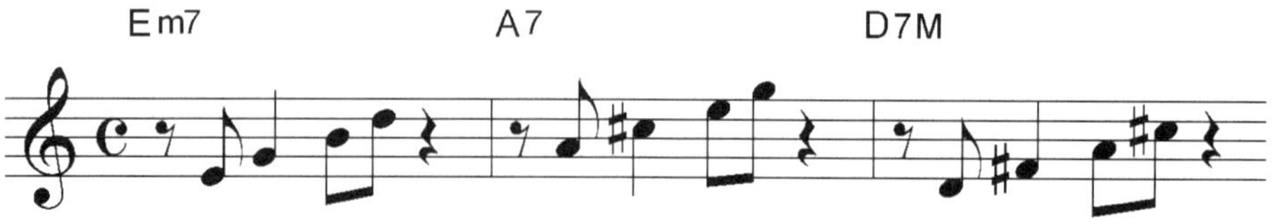

...etc...

f) 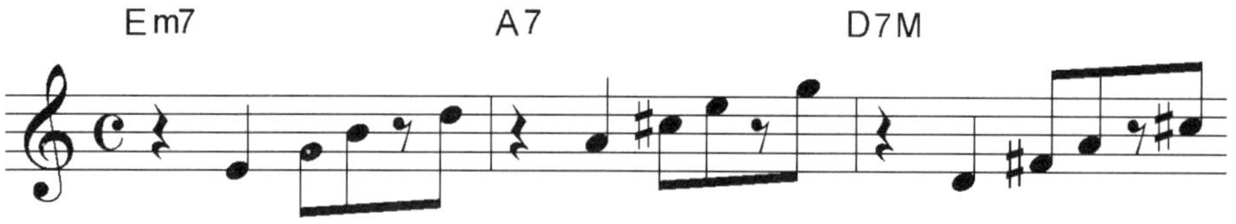

...etc...

g) 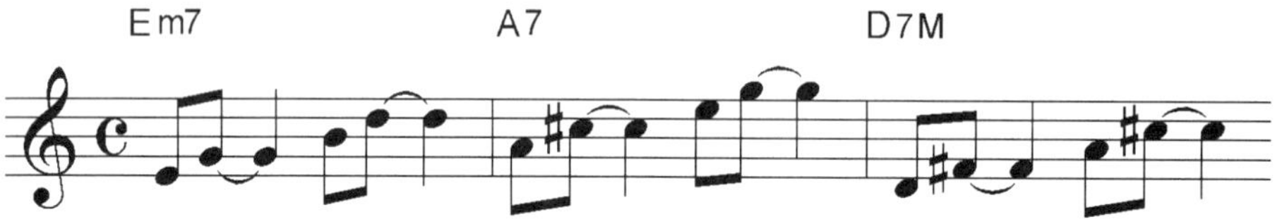

...etc...

h) 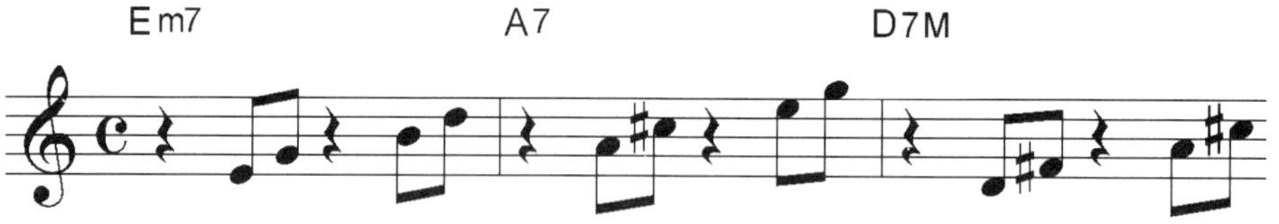

...etc...

i) 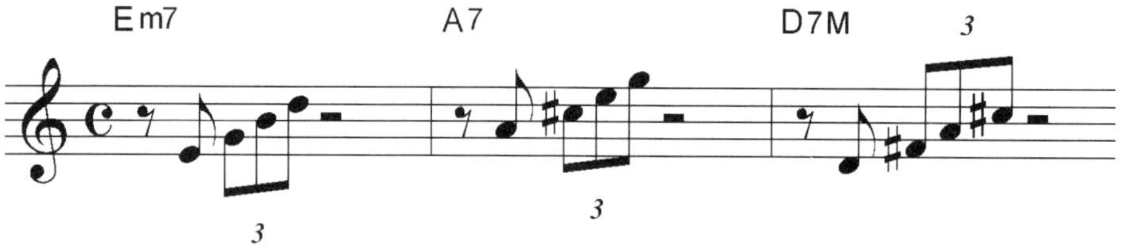

...etc...

variação do i): 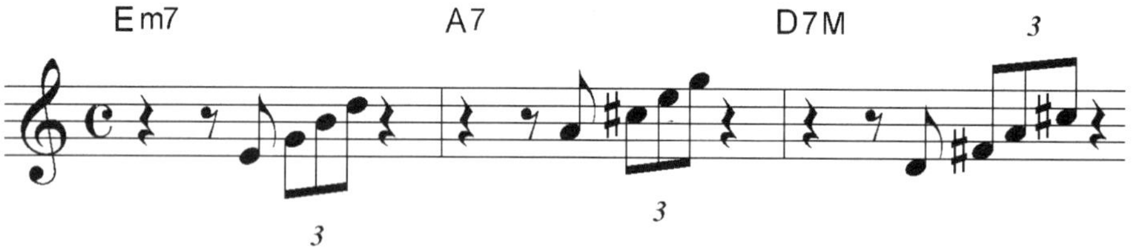

...etc...

j) 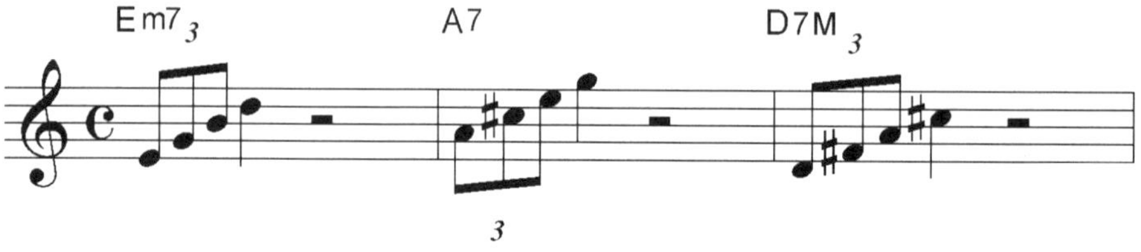

...etc...

k) [Em7₃ A7 D7M₃] ...etc...

l) [Em7₃ A7 D7M₃] ...etc...

Observe que as variações rítmicas apresentadas até aqui tiveram como ponto de partida somente o exercício nº 1 (os arpejos dos acordes). Pense, portanto, na possibilidade de aplicá-las às fórmulas de 1 a 6 ou às fórmulas apresentadas ao longo do livro todo. Sugiro a utilização das variações rítmicas ao estudar e aplicar as fórmulas.

ALTERNÂNCIA DE FIGURAS RÍTMICAS

Procure, ao construir as suas frases, alternar diferentes figuras rítmicas.

Exercício nº 15. Pratique a seqüência rítmica a seguir: 🔊 19-1

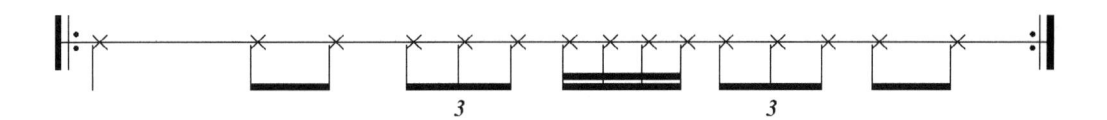

Trechos dessa seqüência rítmica podem ser utilizados tanto nos improvisos quanto nos estudos. O próximo exemplo mostra a aplicação de duas seqüências rítmicas a um possível estudo de escalas:

Exemplo 16

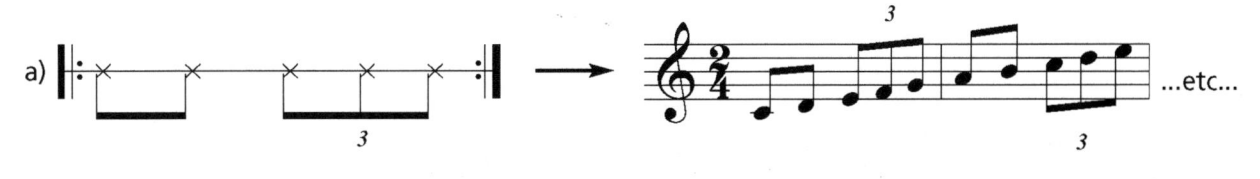

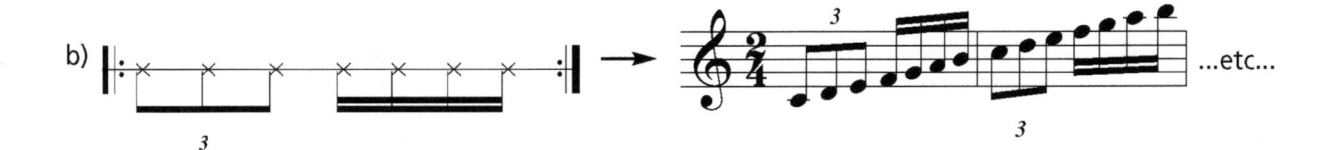

a) ...etc...

b) ...etc...

O próximo exemplo mostra a aplicação de uma seqüência rítmica na harmonia da música "Afinando":

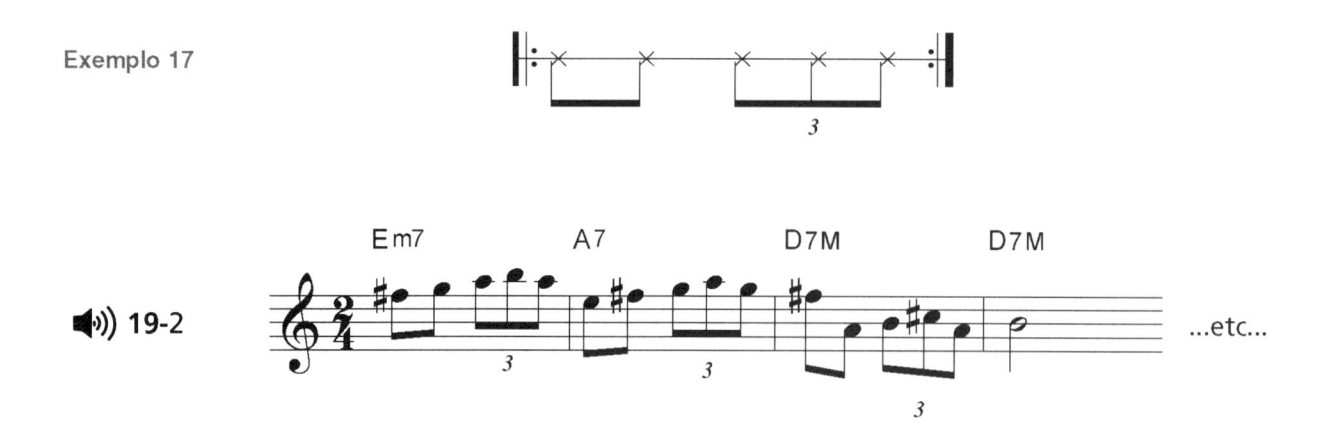

Exemplo 17

🔊 19-2

Exercício nº 16. Escolha duas combinações rítmicas e crie um solo sobre a harmonia da música "Afinando". Pratique utilizando a faixa 3.

Exercício nº 17. Usando a **Estrutura harmônica nº 1** (faixa 20), crie um solo baseado nas células rítmicas apresentadas e suas variações.

Exercício nº 18. Aplicação das fórmulas apresentadas sobre a **Estrutura harmônica nº 3.** Complete o solo.

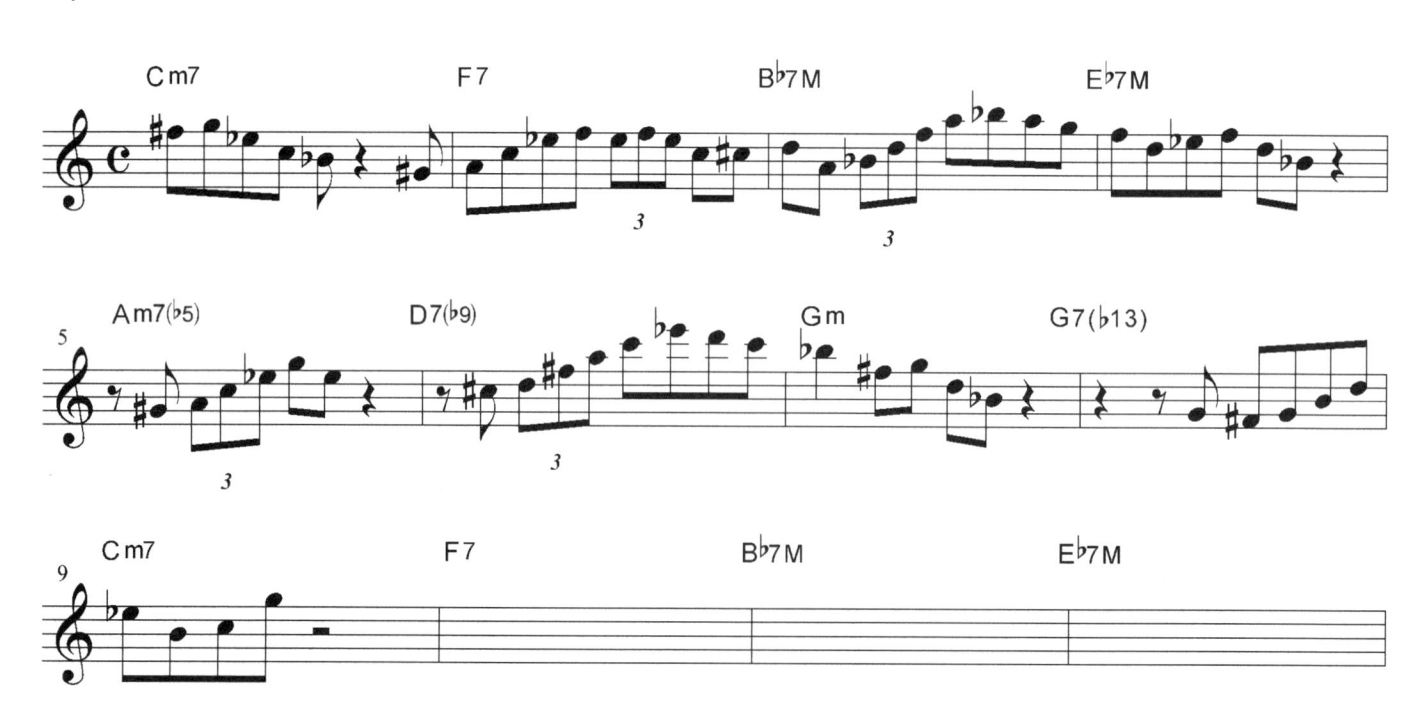

🔊 21

Capítulo 2 - Introdução à improvisação temática e à improvisação vertical

| 13 Am7(♭5) | D7(♭9) | Gm | Gm |

| 17 Am7(♭5) | D7(♭9) | Gm | G7 |

| 21 Cm7 | F7 | B♭7M | E♭7M |

| 25 Am7(♭5) | D7(♭9) | Gm7 C7 | Fm7 B♭7 |

| 29 E♭7 | D7(♭9) | Gm | Gm |

Observe que o "truque" para que o discurso melódico seja fluente é o de ligar bem um acorde a outro. Para conseguir isso é necessário um pouco de prática (e, portanto, de paciência), seguindo os exercícios graduais aqui apresentados.

Pratique bastante as seis fórmulas e os arpejos apresentados neste capítulo, aplicando-os, um de cada vez, às suas músicas preferidas. Depois passe a misturar uma fórmula com a outra.

Nós vamos em busca de territórios desconhecidos. Isso é improvisação.
Se o território é conhecido, não há mais nenhum interesse.

Paul Bley

3 FORMA MUSICAL

O termo "forma musical" remete a duas definições possíveis:

1. De modo geral, ele se refere ao resultado de um ato criativo, em que um compositor confere uma determinada forma a uma determinada música. Assim, falando de forma musical, estamos nos referindo a conceitos como equilíbrio, lógica e unidade musical; conceitos aplicáveis tanto à melodia quanto à harmonia de uma música. Portanto, neste sentido, a forma musical nos remete a uma idéia de complexidade; por exemplo, não falamos de forma nos referindo a uma nota só; precisamos de mais notas para criar formas melódicas, motivos e frases que formem períodos musicais. A expressão "forma musical", então, se refere à organização lógica e coerente do discurso musical. Fazendo uma comparação com a linguagem verbal, podemos dizer que as letras compõem as palavras, estas as frases, as frases, por sua vez, compõem o parágrafo, este o capítulo etc. O resultado dessa organização leva à criação de uma história, de um conto, de um romance, caracterizados por lógica e coerência, onde cada trecho faz parte do resultado global.

2. De modo específico, a expressão forma musical se refere a tradicionais formas como a da canção, a do rondó, a da forma sonata, a da fuga etc. Neste sentido, a palavra "forma" se refere à estrutura da música, ao seu número de compassos e à sua articulação em seções.

1. ANTECEDENTE E CONSEQÜENTE MELÓDICO

Uma melodia é composta por frases e membros de frases, ligados entre si com lógica. Utilizando novamente o paralelo com a linguagem verbal, analisamos a frase "Era uma vez um rei". Podemos perceber que essa frase pode ser dividida em dois membros de frase:

"Era uma vez" → (o quê? quem?) → "Um rei"

O primeiro membro de frase constitui o antecedente, que prepara o que vem depois (conseqüente). Na música acontece algo semelhante. A análise de temas famosos da literatura erudita ajudará a explicar o conceito:

Exemplo 18 Mozart: *Sinfonia n° 40:*

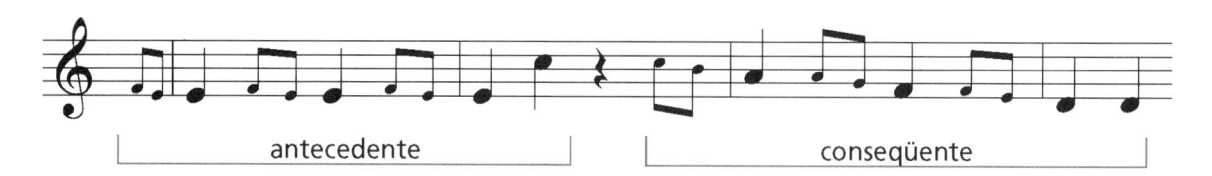

Observe que o tema se baseia na seguinte célula rítmica:

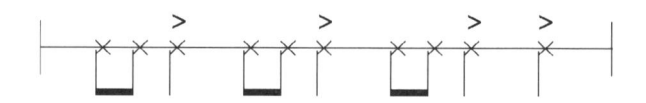

A junção da célula rítmica com as notas da melodia forma a célula rítmico-melódica primária, a partir da qual o compositor desenvolverá o tema:

Essa célula se torna o ponto de partida do compositor. Tal célula compõe um membro de frase, o "antecedente melódico". A essa célula se segue outra frase como resposta.

Capítulo 3 - Forma musical

O membro de frase conseqüente, apresentado pelo compositor como resposta, é uma possível conseqüência da célula rítmico-melódica inicial; ele constitui um "conseqüente melódico". O discurso evoluiu, mas ainda não está completo. Agora, estes dois membros de frase – antecedente e conseqüente – constituem, juntos, um novo antecedente de algo que virá depois. Também a nova frase se articula em duas partes. Veja:

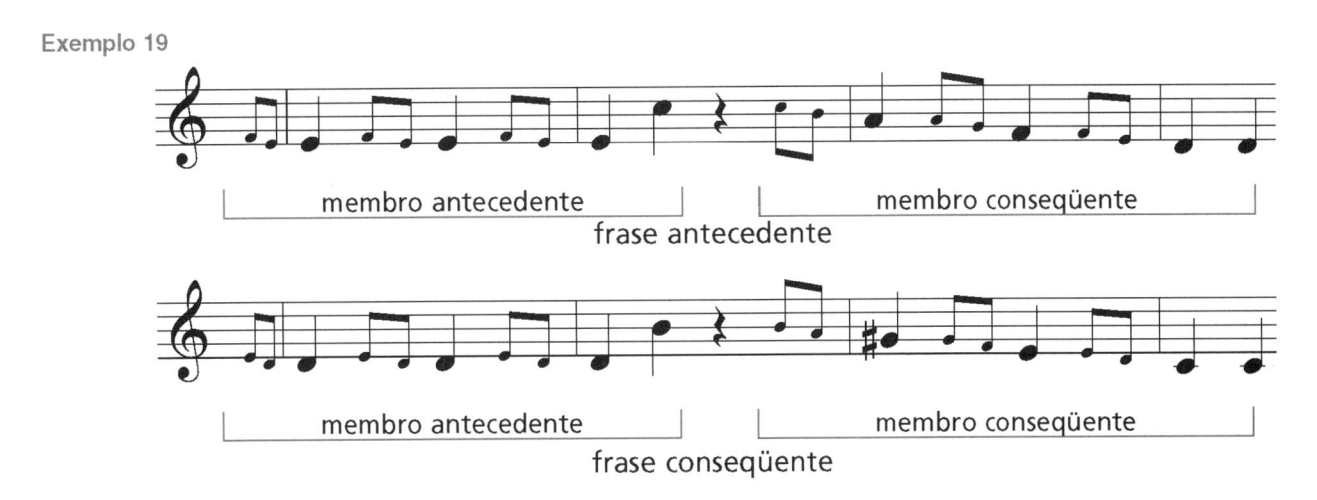

Exemplo 19

Observe que os acentos da célula rítmico-melódica caem nos tempos fortes. As notas desses tempos são mais importantes do que as outras. Se isto é verdade, podemos trocar as outras notas sem que o sentido da melodia fique muito diferente. Por exemplo:

Exemplo 20

As notas em destaque – representadas nos exemplos acima maiores do que as outras – são as notas importantes da melodia. Essas notas constituem verdadeiros pontos de referência, isto é, pontos de partida para operar transformações melódicas. No próximo exemplo é apresentada uma transformação mais radical. Nele, são mantidas somente as notas mais importantes (que são apenas um terço das notas originais); as outras são trocadas. A melodia é menos reconhecível do que a do exemplo 20, mas ainda é evidente sua relação com a melodia original.

Exemplo 21

A reflexão sobre a diferente importância que algumas notas têm em relação a outras nos leva a considerar como isso pode ser utilizado na hora da improvisação temática. Podemos, por exemplo, conservar as notas importantes da melodia e variar as outras. Ou, de forma contrária, alterar as notas importantes, para um resultado que difere mais da melodia original. Experimente reescrever a frase de Mozart mudando as notas importantes da melodia e analise o resultado.

EQUILÍBRIO ENTRE FRASES ASCENDENTES E DESCENDENTES NA MELODIA

As setas do exemplo 22 mostram a direção das notas importantes da melodia. Um salto ascendente no membro de frase antecedente é compensado pelas descidas do membro de frase conseqüente. O equilíbrio entre os movimentos ascendente e descendente é algo importante na melodia. Pode-se traçar uma linha reta entre a primeira e a última nota de uma frase ou de um período. A linha pode ser considerada o "eixo" da melodia. Tudo que estiver acima da linha é caracterizado por uma energia de movimento. Ao se aproximar à linha, a energia diminui, a tensão se dissolve. Eventuais notas abaixo do eixo serão notas com menor energia de movimento. No exemplo 22, a nota Dó do primeiro sistema é o ponto mais alto, o que tem mais energia, aos poucos compensada pela descida gradual das notas. A mesma coisa acontece na segunda linha com a nota Si. De forma geral, a melodia começa no Mi4 e termina no Dó4 do último compasso, o que significa que "pousou", ficando pronta para que uma próxima frase possa continuar o desenvolvimento do tema.

Exemplo 22

O próximo exemplo mostra o equilíbrio de frases ascendentes e descendentes. A primeira frase leva do Ré4 até o Sol4. Essa subida gera uma tensão, compensada na segunda frase, em que o Dó4 leva até a tônica Sol3.

Exemplo 23 Bach: *Minueto em Sol*

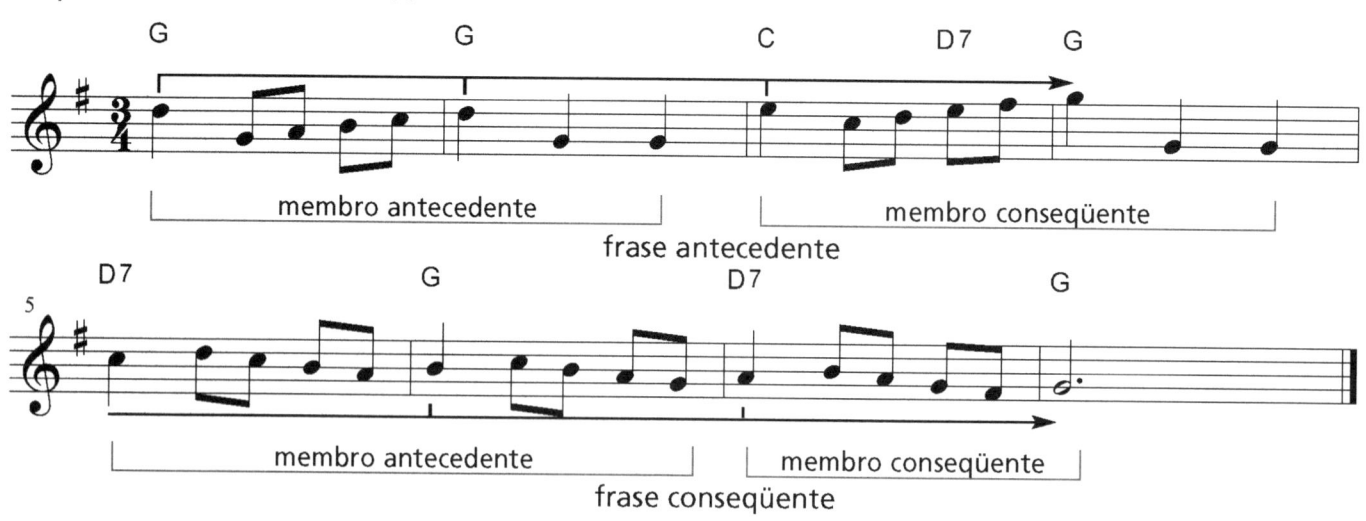

Podemos notar as frases antecedentes e conseqüentes. No exemplo, a célula rítmica é:

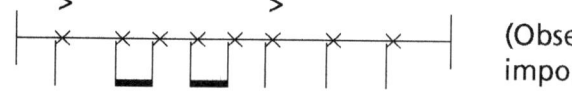

(Observe como, mais uma vez, as notas acentuadas são as mais importantes).

Capítulo 3 - Forma musical

Algumas possíveis transformações da melodia, mantendo inalteradas as notas importantes:

Exemplo 24

A alteração de algumas notas importantes torna a melodia bem mais diferente:

Exemplo 25

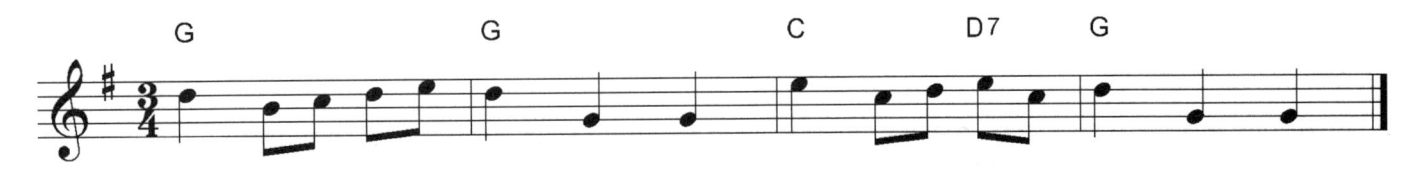

Quando uma música apresenta um texto, este último está estritamente ligado aos antecedentes e conseqüentes melódicos. Aqui um exemplo da tradição folclórica brasileira:

Exemplo 26 *Ciranda cirandinha*

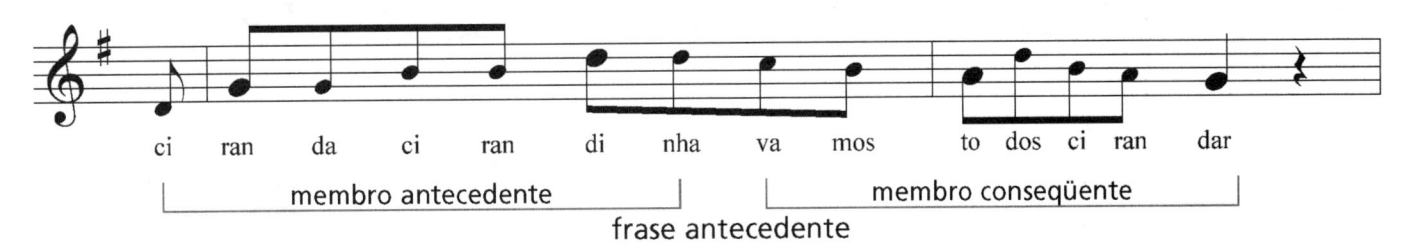

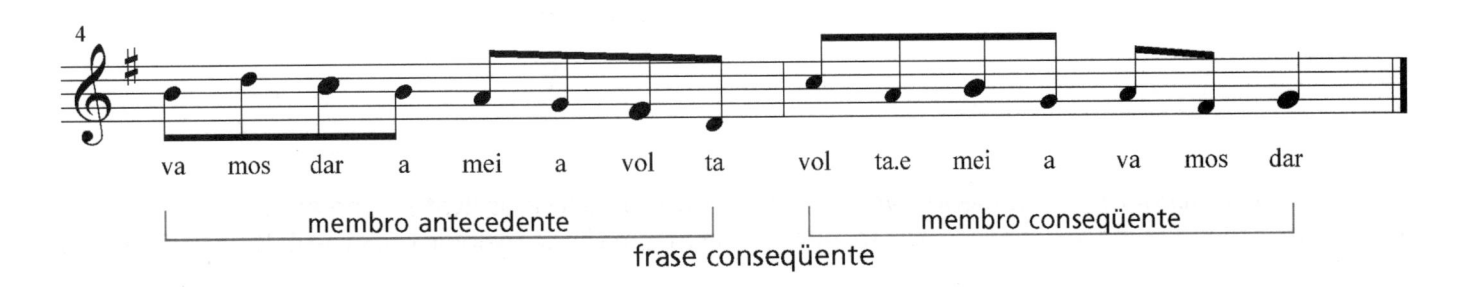

ci ran da ci ran di nha va mos to dos ci ran dar

membro antecedente | membro conseqüente
frase antecedente

va mos dar a mei a vol ta vol ta.e mei a va mos dar

membro antecedente | membro conseqüente
frase conseqüente

Exemplo 27 Beethoven: *Ode à alegria*

O próximo exemplo mostra uma melodia baseada no tema de Beethoven. Note como, ali, a primeira nota de cada compasso coincide com a nota original do tema – que é a nota importante.

Exemplo 28

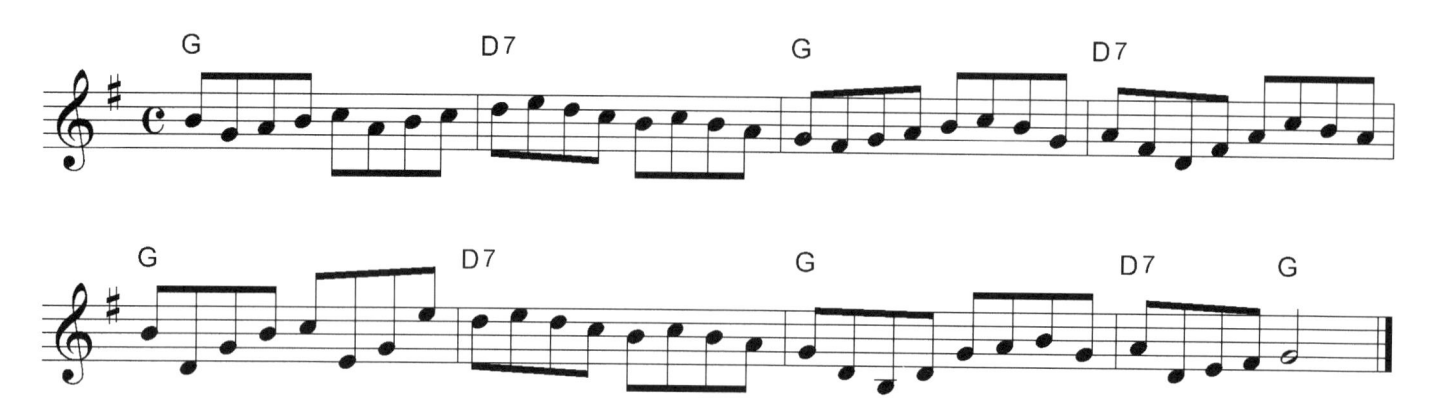

A próxima melodia, baseada na mesma música, se afasta bem mais do tema, tornando-se melodicamente independente e adquirindo conotações jazzísticas:

Exemplo 29

Exemplo 30 Bach: *Minueto em Sol menor*. Veja as células rítmico-melódicas. Note como as primeiras notas de cada célula (evidenciadas no exemplo) formam, por si mesmas, uma linha melódica: Si♭-La-Sol-Ré; Mi♭-Ré-Dó-Lá.

2. FORMAS ESTRUTURAIS NA MÚSICA POPULAR

As músicas do repertório popular e jazzístico são, normalmente, formas abertas de 12, 16, 24, 32, 36 compassos ou mais, cuja característica é a estrutura cíclica. Excluímos dessa regra o choro que, na sua forma típica, apresenta estruturas harmônicas fechadas, ou seja, com um número definido de compassos que não se repetem ciclicamente.

Uma composição musical se divide em parágrafos musicais que estão, entre si, em relação de:

1. **Repetição:** um parágrafo é repetido de forma igual.
2. **Variação:** um parágrafo é repetido apresentando algumas modificações.
3. **Contraste:** um parágrafo novo oferece novas idéias temáticas, modulações etc.

No repertório da MPB, músicas como "Garota de Ipanema" ou "Wave" são articuladas da seguinte forma: uma primeira parte **A** (período musical de partida) é apresentada e, logo depois, repetida (repetição de **A**); depois, uma nova parte **B** (contraste) desenvolve outra idéia musical, variando tanto a melodia como a harmonia. Novamente é apresentada uma parte **A** para terminar a música (repetição). Veja o esquema seguinte:

Exemplo 31

```
|————————————————— 32 compassos —————————————————|
| 8 compassos | 8 compassos | 8 compassos | 8 compassos |
       A             A             B             A
```

Essa forma, **A A B A**, é chamada de "forma canção". Na sua forma mais comum, cada parágrafo musical dura 8 compassos, mas podem existir casos diferentes. Portanto, a forma comum da "forma canção" é a de 32 compassos (**A A B A**, com cada seção de 8 compassos). Uma numerosa literatura de música popular ou jazz se baseia nessa forma (além de "Garota de Ipanema", "Wave", "Samba de uma nota só", muitas músicas de Duke Ellington e George Gershwin – só para citar nomes mais conhecidos – são compostas em "forma canção" de 32 compassos). Outra forma comum é a próxima:

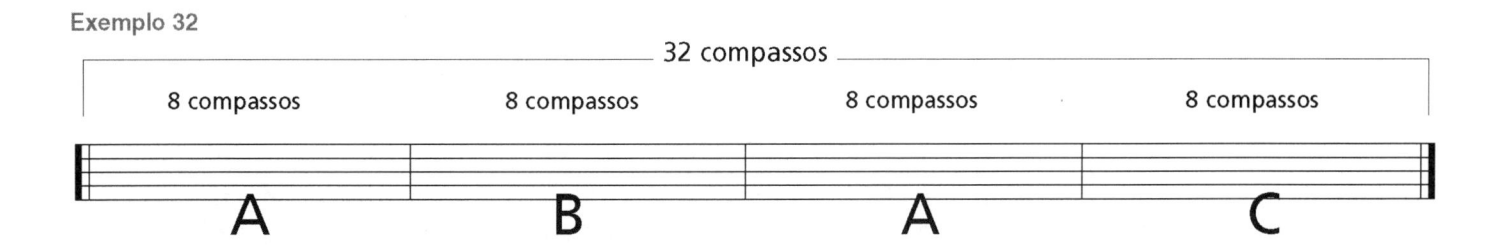

Exemplo 32

```
|————————————————— 32 compassos —————————————————|
| 8 compassos | 8 compassos | 8 compassos | 8 compassos |
       A             B             A             C
```

Este é o caso, por exemplo, das músicas "Corcovado" (Tom Jobim) ou "Samba de verão" (Marcos e Paulo Sérgio Valle). Aqui, à seção **A** se contrapõe um **B** (contraste); novamente a seção **A** é apresentada para depois a seção **C** fechar a música.

Vemos também a forma:

Exemplo 33

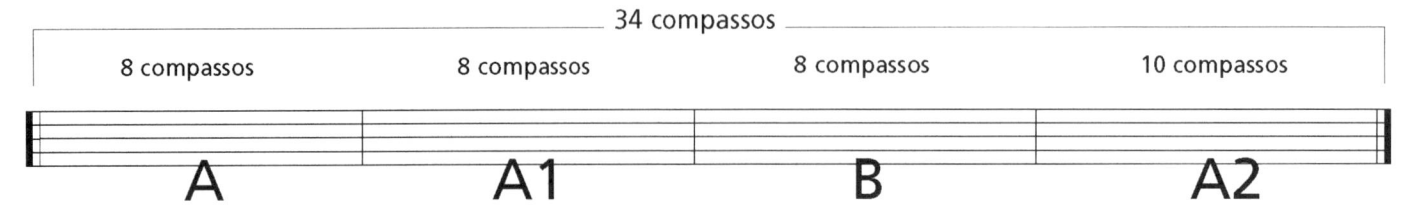

```
|--- 34 compassos ---|
| 8 compassos | 8 compassos | 8 compassos | 10 compassos |
|      A      |     A1      |      B      |      A2      |
```

Aqui **A1** e **A2** diferem um pouco de **A**. Esse é o caso, por exemplo, da música "All the things you are" (Jerome Kern) em que a seção **A1** repete a **A** em outra tonalidade e a seção **A2** contém dois compassos a mais. Vejamos agora outra forma:

Exemplo 34

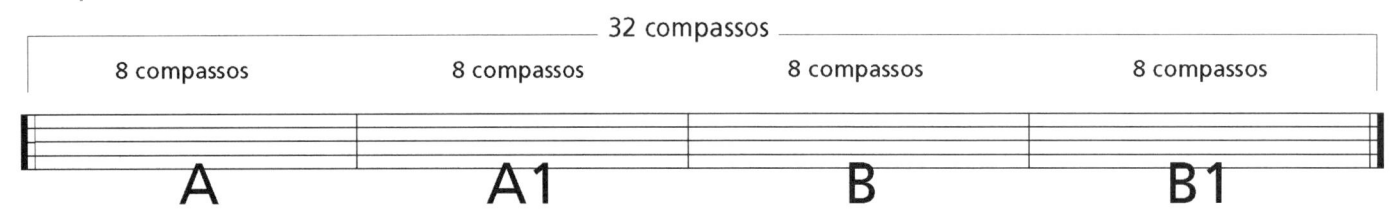

```
|--- 32 compassos ---|
| 8 compassos | 8 compassos | 8 compassos | 8 compassos |
|      A      |     A1      |      B      |      B1     |
```

Este é o caso, por exemplo, da música "Diamante verdadeiro" (Caetano Veloso).
Existem casos em que não aparece contraste, mas somente variação; por exemplo:

Exemplo 35

```
|--- 32 compassos ---|
|   16 compassos     |   16 compassos   |
|         A          |        A1        |
```

Este último é, por exemplo, o caso de músicas como "How high the moon" (Morgan Lewis), "Gentle rain" (Luiz Bonfá), "Beautiful love" (Victor Young).

As combinações estruturais são inúmeras. As apresentadas aqui têm o único objetivo de mostrar a lógica formal da arquitetura musical. Sugiro, neste ponto, a análise da forma de algumas músicas disponíveis. Quando abordamos a improvisação de uma música dada, torna-se útil conhecer a forma com a qual estamos trabalhando. Na parte **B** de uma música, por exemplo, podemos introduzir, durante um improviso, uma nova idéia musical.

Na sua forma mais típica, o choro é composto por três seções – **A**, **B**, **C** – que estão em relação de contraste entre elas. Tradicionalmente, o choro é uma composição fechada, com um início e um fim, que não se repete ciclicamente. Esse assunto será aprofundado no capítulo 5.

4 ABORDAGEM DIATÔNICO-CROMÁTICA: TENSÃO E RESOLUÇÃO MELÓDICA

1. NOTAS "T" E "R" NA MELODIA

Uma melodia é feita de notas de tensão (daqui em diante chamadas de "T") e de notas de resolução (daqui em diante chamadas de "R"). As notas de resolução (ou repouso) são as do acorde. As outras, que não pertencem ao acorde, são notas "T". Melodicamente, as notas "T" são "notas ativas", que precisam se movimentar para resolver nas notas "R". As notas de repouso são consideradas "notas alvo", isto é, as notas "T" se dirigem para as notas "R". Em termos tonais, consideram-se as notas do acorde como graus "R", de repouso. Por exemplo, em um acorde de C, na tonalidade de C Maior, as notas Dó, Mi e Sol são graus "R". Essas notas serão consideradas como "notas alvo":

Notas alvo (resolução)

As notas que pertencem à escala[1] e que não fazem parte do acorde, são consideradas como "T", ou seja, notas de tensão ou notas ativas. Por exemplo, ainda adotando como referência o acorde de C Maior, podemos considerar as notas Ré, Fá, Lá e Si como "T"; essas notas sugerem movimento melódico, ou seja, querem "resolver" nas notas do acorde. Trata-se ainda de uma tensão não muito forte, já que as notas pertencem à escala (no exemplo à escala de C Maior). Essas "T" são aqui chamadas de "notas ativas de primeira espécie".

Notas ativas

Qualquer melodia pode ser considerada como uma combinação de notas "T" e "R". Neste capítulo serão apresentados critérios e fórmulas para combinar as duas espécies, "T" e "R", de forma coerente dentro da tonalidade.

---

[1] A correlação escala/acorde será tratada no Volume 2.

Fórmula nº 7: aproximação diatônica superior[2]

O exercício a seguir apresenta uma forma simples para combinar tensão e resolução, criando um movimento diatônico descendente da seguinte forma: uma nota "T" interna à escala vai para uma nota do acorde (R); mais precisamente, a "T" resolve na nota do acorde que está abaixo dela. No exemplo em C, a nota Ré vai para Dó (que podemos indicar como **2-1**); a nota Fá vai para Mi, (indicado **4-3**); a nota Lá vai para Sol (**6-5**).

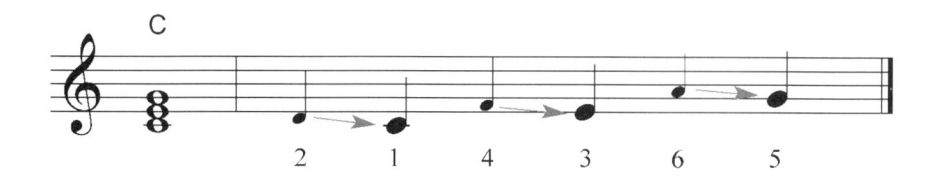

Exemplo 36 Uma forma de elaboração melódica usando esse tipo de movimento:

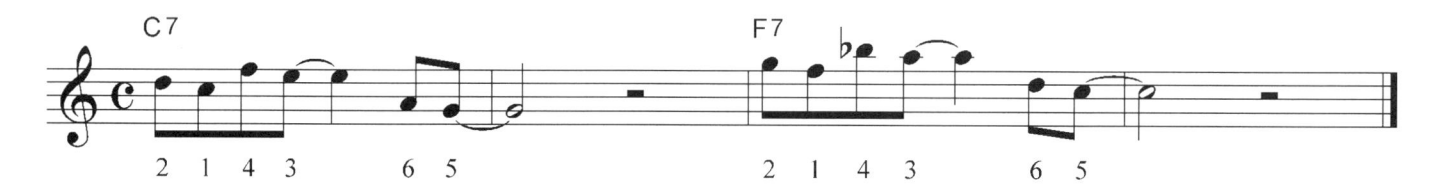

Exercício n° 19. Estudo da fórmula n° 7 sobre acordes maiores em todos os tons. 🔊 22

---

[2] Aproximação diatônica significa aproximação que utiliza notas da escala. A nota de aproximação diatônica é uma nota dissonante que não pertence ao acorde e que resolve na nota alvo. Colocadas da forma apresentada na fórmula n° 7, essas notas de aproximação são *appogiaturas* às notas dos acordes.

Capítulo 4 - Abordagem diatônico-cromática: tensão e resolução melódica

Exercício nº 20. Fórmula nº 7 sobre acordes maiores: outra disposição das notas. 🔊 23

Quando se tratar de um acorde menor, a fórmula torna-se a seguinte: 2-1; 4-♭3; 6-5:

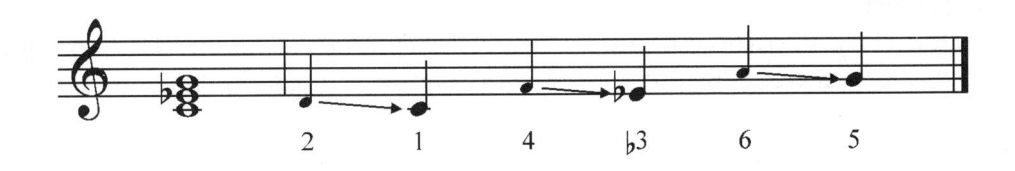

Dependendo do tipo de acorde menor, a T6 pode ser T♭6. Quando a função do acorde é de Tônica, a T♭6 pode soar melhor do que a T6 (depende do contexto, mas, em geral, vale esse princípio). Se o acorde menor possui função de subdominante (no caso, por exemplo, de um II-V-I, o de um **IVm**-V-Im) é aconselhável usar a T6. Para os conceitos harmônicos veja o Volume 2.

Exercício nº 21. Fórmula nº 7 sobre acordes menores, usando a T♭6. 🔊 24

NOTAS ATIVAS DE SEGUNDA ESPÉCIE

As notas que **não** pertencem ao acorde e **não** pertencem à escala são também "T". São aqui chamadas de notas ativas de segunda espécie. Elas têm mais tensão do que as precedentes:

Capítulo 4 - Abordagem diatônico-cromática: tensão e resolução melódica

Fórmula n° 8: Aproximação cromática inferior.

A oitava fórmula usa um cromatismo ascendente que vai à nota alvo.
No exemplo seguinte, esta fórmula é aplicada sobre um acorde de dominante. Pratica-se uma *appogiatura* cromática às notas dos acordes: de 7 para 1, de #2 para 3, de #4 para 5, de 6 para b7 (daqui em diante, o cromatismo poderá ser indicado com sua nota real, por exemplo #2 ⟶ 3 e não cr ⟶ 3).

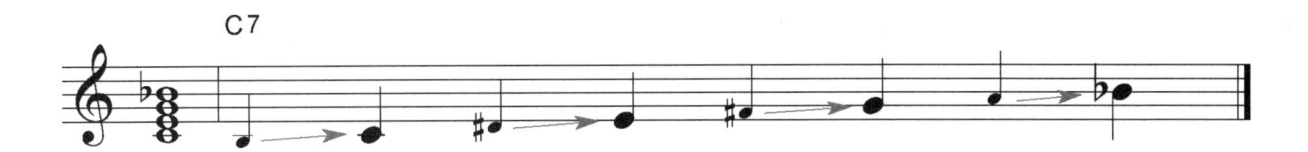

Exercício n° 22. Fórmula n° 8 nos acordes maiores, em todos os tons. 🔊 25

Exercício nº 23. Outra aplicação da fórmula nº 8 para os acordes maiores, com a sugestão de não considerar o sétimo grau como nota alvo, mas de considerar só as notas da tríade do acorde. 🔊)) 23

Exercício nº 24. Combinação da sétima com a oitava fórmula sobre um acorde maior. Escreva as transposições e pratique-as usando a base da faixa 23.

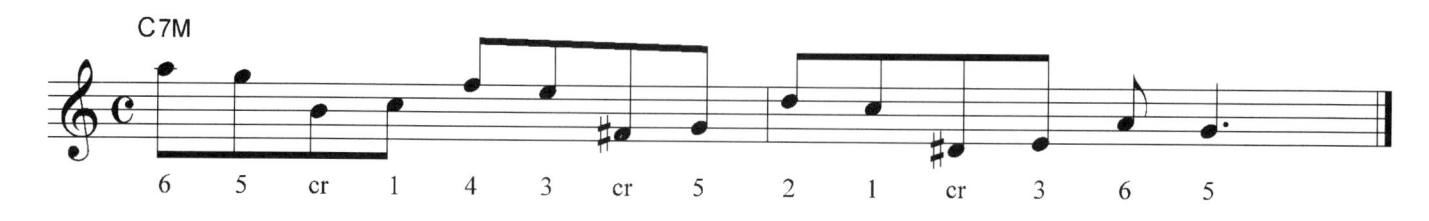

Capítulo 4 - Abordagem diatônico-cromática: tensão e resolução melódica

Exemplo 37 Aplicação da sétima e oitava fórmulas à **Estrutura harmônica n° 3** (faixa 21).

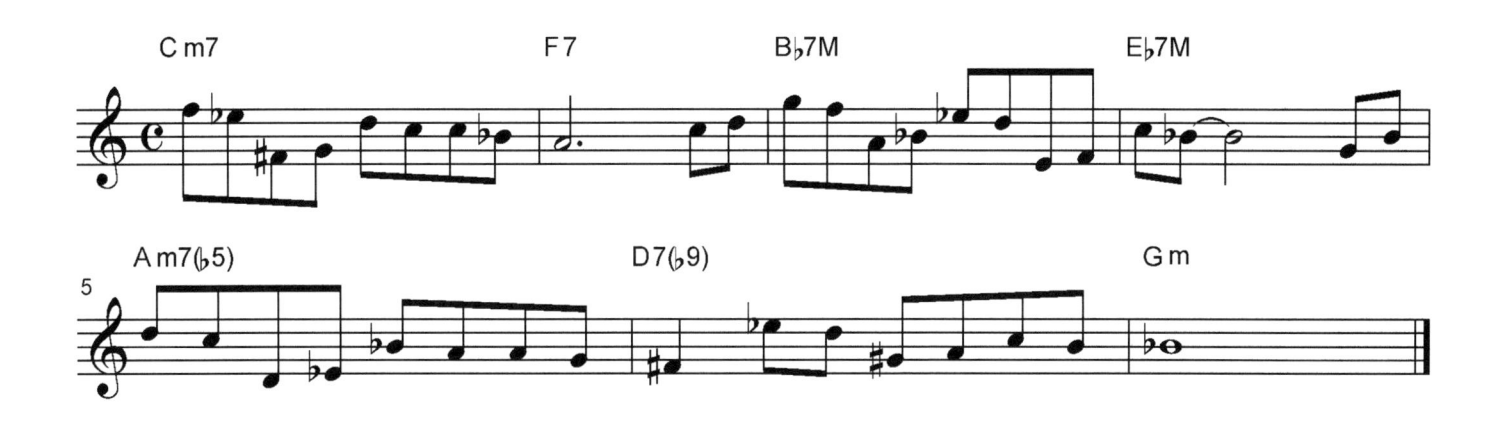

Fórmula n° 9: Combinação diatônico-cromática: combinação da nota diatônica superior e cromatismo inferior. A nona fórmula baseia-se na nota diatônica superior (*appogiatura*) e no cromatismo inferior *(nota auxiliar)*. Aplicada ao acorde de dominante, a fórmula é a seguinte: 2-1-7-1; 4-3-#2-3; 6-5-#4-5; 8-♭7-6-♭7. Formam-se, assim, grupos de quatro notas, cada um girando em volta de uma só nota do acorde.

Exercício n° 25. Fórmula n° 9 sobre acordes de dominante, em todos os tons. 🔊 26

Exercício n° 26. Fórmula n° 9 sobre acordes menores, em todos os tons. 🔊 27

Capítulo 4 - Abordagem diatônico-cromática: tensão e resolução melódica

Exercício nº 27. Outra disposição da fórmula nº 9 sobre acordes maiores, criando movimentos descendentes.

Exercício nº 28. Fórmula nº 9 sobre acordes menores, usando a T♭6. 🔊 27

[Partitura musical com exercícios nos acordes: Cm, Fm, B♭m, E♭m, A♭m, D♭m, G♭m, Bm, Em, Am, Dm, Gm]

Fórmula nº 10: Combinação do cromatismo inferior com a nota diatônica superior.
Essa fórmula oferece grupos de quatro notas para passar de uma nota do acorde para outra, recorrendo ao uso de uma nota auxiliar e de uma nota de passagem:

[Partitura musical com acorde C7 e a seguinte numeração sob as notas:]

1 7 1 2 3 #2 3 4 5 #4 5 6 ♭7 6 ♭7 7 8

Capítulo 4 - Abordagem diatônico-cromática: tensão e resolução melódica

A fórmula nº 10 remete a uma música bem conhecida no Brasil. Confira você mesmo. Faça a análise das notas "T" e "R":

Exemplo 38

Exercício nº 29. Fórmula nº 10 sobre acordes de dominante, em todos os tons. 🔊 26

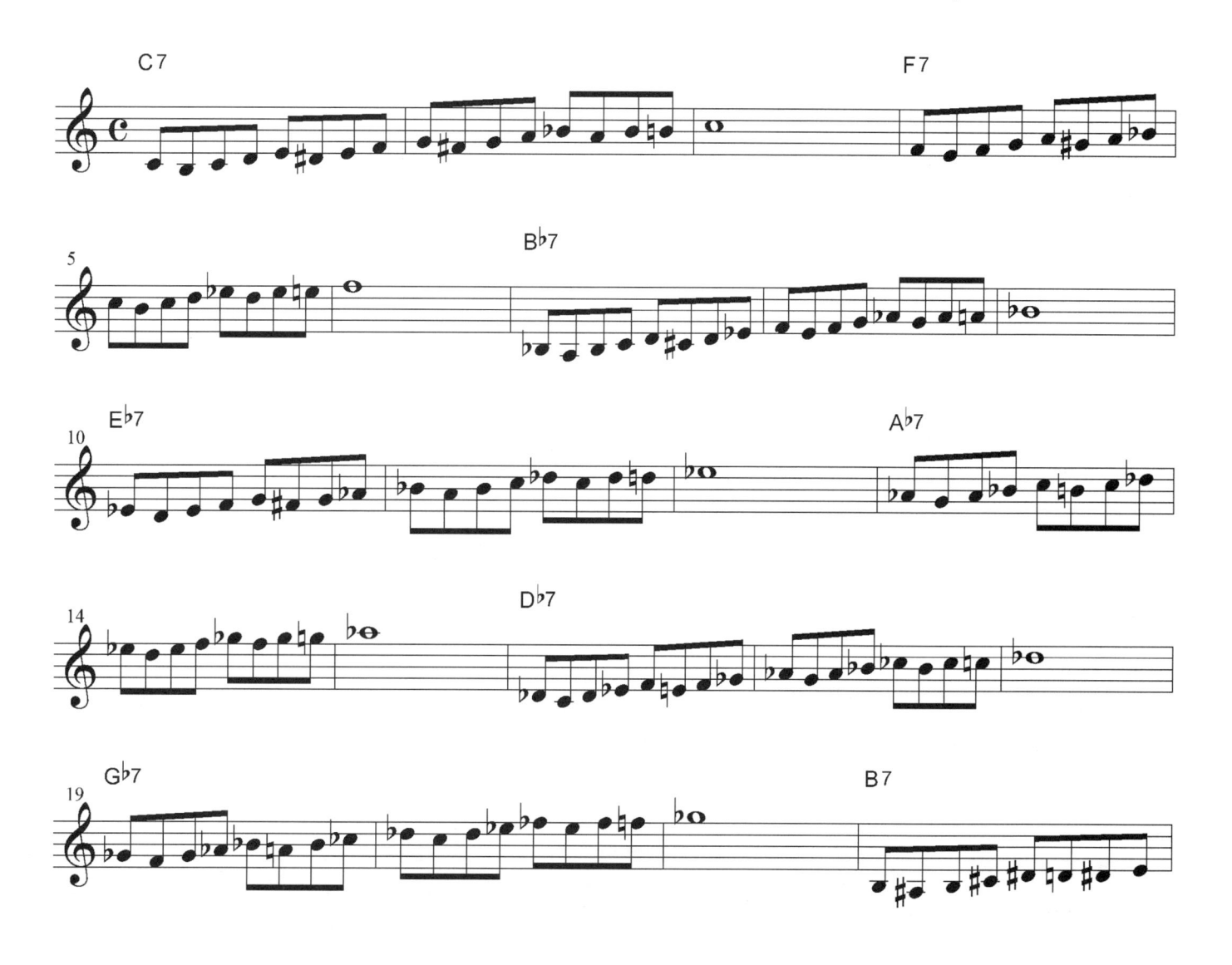

Exercício nº 30. Fórmula nº 10 sobre acordes menores, usando a T♭6. 🔊 **27**

Capítulo 4 - Abordagem diatônico-cromática: tensão e resolução melódica

Fórmula nº 11: Notas auxiliares inferiores ou superiores.
Uma nota "R" pode ser levada para uma nota auxiliar inferior ou superior, cromaticamente ou diatonicamente, criando uma instabilidade momentânea para, logo depois, voltar à nota de partida.

C — 1. Nota auxiliar inferior (diatônica ou cromática)
1 7 1 1 ♭7 1   3 #2 3 3 2 3   5 ♭4 5 5 4 5

C — 2. Nota auxiliar superior (diatônica ou cromática)
1 ♭2 1 1 2 1   3 4 3 3 #4 3   5 ♭6 5 5 6 5

Exercício 31. Detectar as notas auxiliares contidas no próximo trecho melódico.

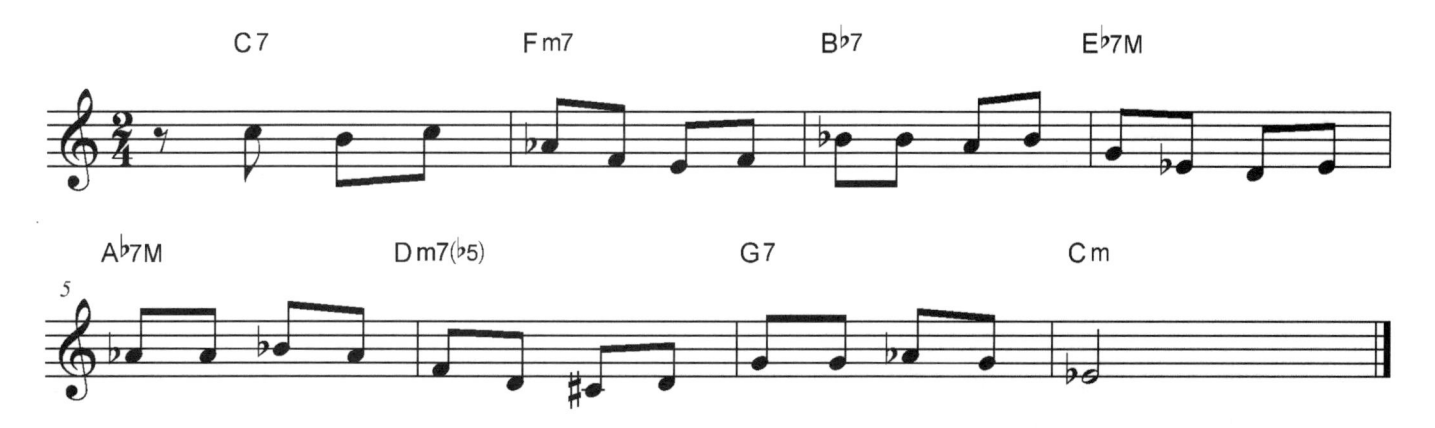

C7   Fm7   B♭7   E♭7M

A♭7M   Dm7(♭5)   G7   Cm

Fórmula nº 12: Duas notas de aproximação à nota alvo.
A fórmula adiante é uma combinação da nota diatônica superior com o cromatismo inferior (*appogiatura dupla* à nota alvo).

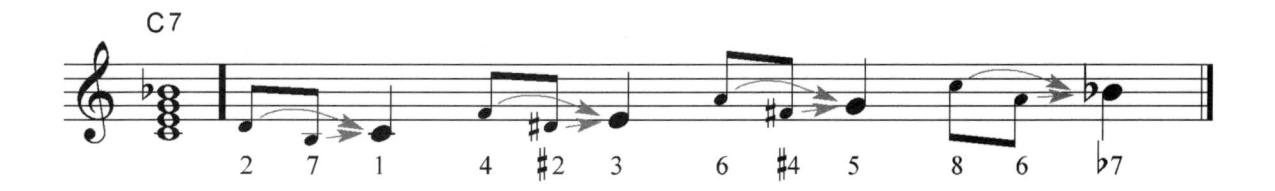

C7
2 7 1   4 #2 3   6 #4 5   8 6 ♭7

Exercício nº 32. Fórmula nº 12 na modalidade maior, em todas as tonalidades. 🔊 23

Exercício nº 33. Pratique a fórmula nº 12 na modalidade menor usando a T6 (veja o exemplo abaixo) e depois a T♭6. Utilize a base da faixa 27.

A improvisação é composição em movimento.

Fórmula n° 13: Dupla aproximação cromática à nota alvo.
Essa fórmula usa o duplo apoio cromático ao primeiro e quinto graus do acorde, criando grupos de três notas.

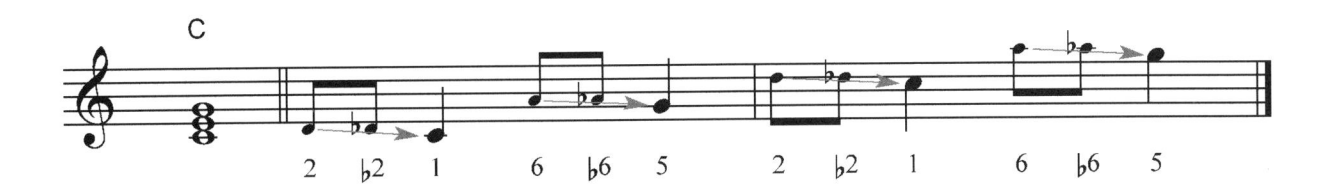

Exemplo 39 Uma disposição rítmica interessante para essa fórmula é a seguinte:

Exemplo 40 Variação rítmica da célula, praticada de forma ascendente e descendente:

Exemplo 41 Aplicação da fórmula n° 13 na **Estrutura harmônica n° 1.** 🔊 28

Fórmula nº 14: Duas notas cromáticas inferiores à nota alvo.

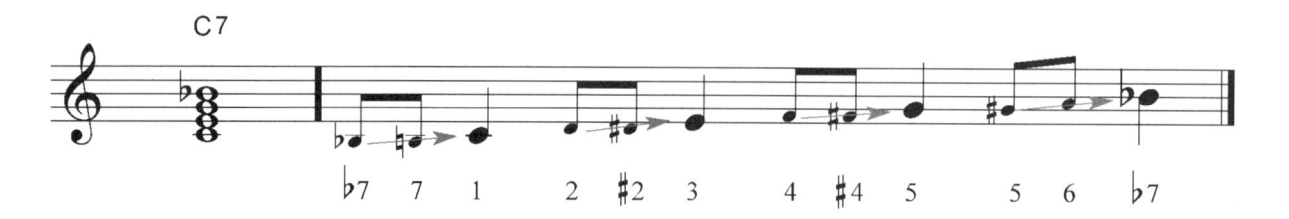

Fórmula nº 15: Duas notas de tensão interna que resolvem na nota alvo.

As notas de tensão de primeira espécie podem ser usadas de modo interessante para formar uma *appogiatura dupla* à nota alvo.

Exemplo 42

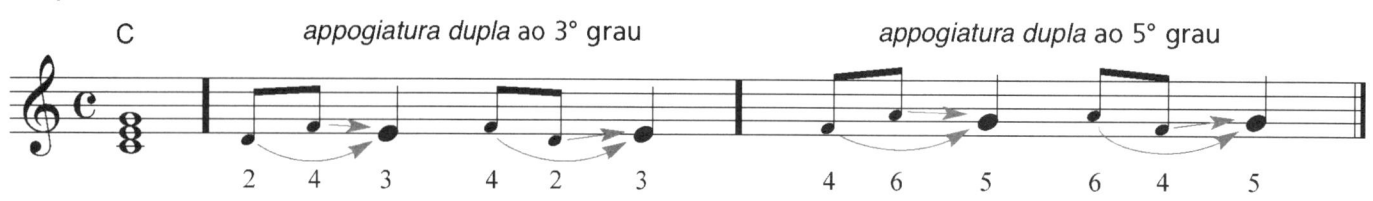

Fórmula n° 16: Três notas de aproximação à nota alvo.

Combinando as duas notas de apoio cromático da fórmula n° 13 com a aproximação cromática inferior, teremos três notas de aproximação à nota R. Isso permite criar um grupo de quatro notas baseadas em **uma única nota** do acorde.

Aproximação ao 1° grau: 2-♭2-7-1

Exemplo 43 Frase ascendente sobre C7.

Exemplo 44 Frase descendente sobre C7.

Capítulo 4 - Abordagem diatônico-cromática: tensão e resolução melódica

Inversão da fórmula nº 16, usando uma nota diatônica superior e duas notas cromáticas inferiores:

Exemplo 45 Frase ascendente sobre C7.

2 ♭7 ♮7 1   4 2 ♯2 3   6 4 ♯4 5   8 ♭6 6 ♭7

Exemplo 46 Frase descendente sobre C7.

8 ♭6 6 ♭7   6 4 ♯4 5   4 2 ♯2 3   2 ♭7 ♮7 1

Exemplo 47 Melodia sobre a **Estrutura harmônica nº 3**, usando a fórmula nº 16 e sua inversão. 🔊) 29

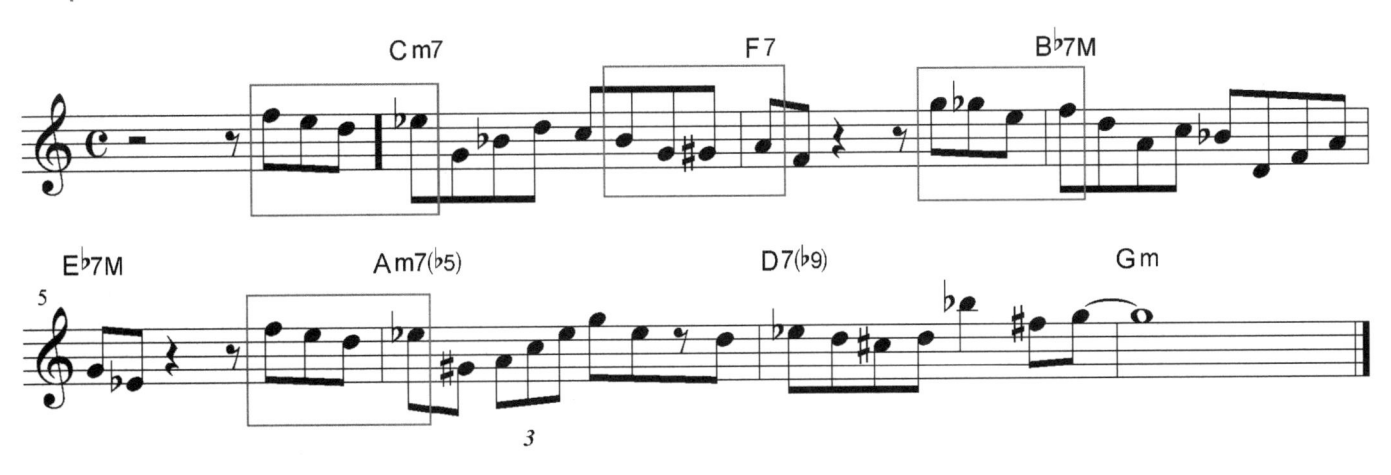

Cm7   F7   B♭7M

E♭7M   Am7(♭5)   D7(♭9)   Gm

Fórmula nº 17: Quatro notas de aproximação à nota alvo (*cr* inferior e duplo *cr* superior).

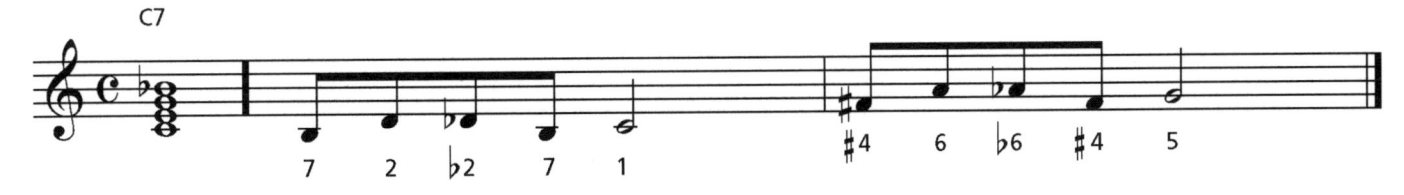

C7

7 2 ♭2 7 1   ♯4 6 ♭6 ♯4 5

Fórmula nº 18: Quatro notas de aproximação à nota alvo (duplo *cr* superior e duplo *cr* inferior).

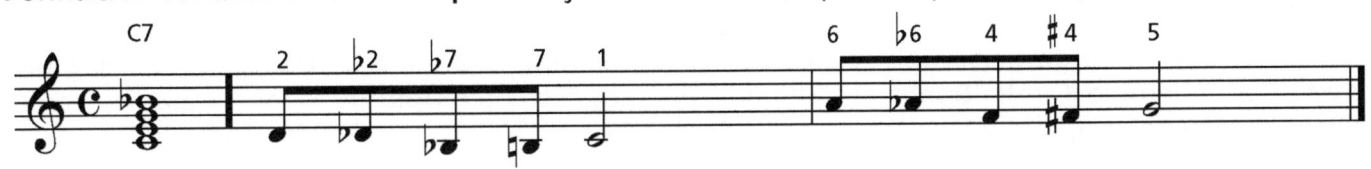

C7

2 ♭2 ♭7 ♮7 1   6 ♭6 4 ♯4 5

2. ANÁLISE MELÓDICA

Consideramos a abordagem vertical à improvisação como uma combinação de notas "T" e "R", na qual se cria um movimento lógico: de "T" para "R", alcançando as notas alvo, ou seja, as notas dos acordes. É importante, então, entender a relação entre a melodia e o acorde do momento. Para isso, sugiro praticar o seguinte tipo de exercício:

Exercício n° 34. Escolha alguns temas e analise-os, evidenciando as "T" e "R", colocando os números que indicam os graus da melodia, conforme o acorde do momento. Veja o próximo exemplo:

Exemplo 48

Tome cuidado para não tornar mecânico o trabalho; **entenda** o que está acontecendo, entenda a relação entre a melodia e os acordes. Busque evidenciar as notas mais importantes. Procure ver se essas notas são as primeiras dos compassos; veja as que têm maior duração, se são notas do acorde ou não. Procure, ainda, ver em qual nota do acorde uma frase melódica resolve. Analisando alguns temas, focalize sua atenção em um detalhe: dá-se uma grande quantidade de notas de acordes (R) ou não? E no improviso, o que acontece? Muitas vezes, as melodias dos improvisos são caracterizadas por uma proporção maior de notas "T", se comparadas às melodias dos temas. Analise alguns casos.

SUGESTÃO DE TEMAS PARA ANÁLISE MELÓDICA (somente a título de exemplo):

Repertório de **MPB**:

- De Tom Jobim: "Dindi"; "Este seu olhar"; "Insensatez"; "Amor em paz"; "Águas de março"; "Eu sei que vou te amar"; "Triste"; "Wave".

- De Caetano Veloso: "Dom de iludir"; "Odara"; "Beleza pura"; "Divino maravilhoso"; "O homem velho".

- De Chico Buarque: "Bye bye Brasil"; "Essa moça tá diferente"; "Carolina"; "Maninha"; "Com açúcar, com afeto"; "Ela é dançarina"; "Olê, olá".

- De Noel Rosa: "Feitiço da Vila"; "Com que roupa?"; "Conversa de botequim"; "Filosofia".

Repertório de **choro**:

- De Jacob do Bandolim: "Receita de samba"; "Assanhado"; "Vibrações"; "Pérolas"; "Carícia".

- De Pixinguinha: "Naquele tempo"; "Lamentos"; "Ingênuo"; "Glória"; "Carinhoso"; "Um a zero".

- Ainda: "Tico-Tico no fubá" (Zequinha de Abreu); "Faceira"; "Brejeiro" (Ernesto Nazareth).

Repertório **jazzístico**:

- "A foggy day" (George Gershwin); "All of me" (Peter Simms); "Take the 'A' train" (Duke Ellington); "Yesterdays" (Jerome Kern); "Donna Lee" (Charlie Parker); "Scrapple from the apple" (Charlie Parker); "Oleo" (Sonny Rollins); "How high the moon" (Morgan Lewis); "Giant steps" (John Coltrane).

Capítulo 4 - Abordagem diatônico-cromática: tensão e resolução melódica

Exercício nº 35. Construção de um solo escrito.
Escolha uma música e pratique os seguintes passos:

- Faça a análise melódica do tema.

- Escreva uma variação do tema, procurando alcançar as notas mais importantes por meio das notas de aproximação. Troque algumas partes melódicas, aplique algumas fórmulas para abordar as notas importantes do tema.

- Avalie o resultado.

- Feito isso, a partir da sua elaboração anterior, escreva uma segunda variação, mais elaborada ainda, do tema. Use algumas pausas para quebrar as frases, sofistique o ritmo melódico.

- Avalie o resultado.

A IMPORTÂNCIA DE SE ESCREVER MELODIAS

Escrever melodias, sejam temas ou solos, é muito útil. A diferença principal entre um compositor e um improvisador é que o segundo deve resolver tudo na hora e "de primeira", enquanto o compositor pode parar para pensar como fazer melhor, cancelar, refazer, tomar outros caminhos, esperar que a "inspiração" chegue. No estudo da improvisação, a de escrever solos se revela uma prática interessante. A improvisação não se cria do nada. A improvisação se estuda. Uma das maneiras para fazer isso é escrever e reproduzir solos.

3. CÉLULAS RÍTMICO-MELÓDICAS

Um bom solo não propõe idéias novas a todo o momento. Um bom solo é feito por um número limitado de idéias que se desenvolvem. A variação temática é um dos principais princípios da forma musical. Uma boa ajuda para realizar a variação temática é oferecida pelo uso de células rítmico-melódicas. Essas são compostas por pequenos grupos de notas, com uma conotação definida tanto ritmicamente quanto melodicamente. A célula rítmico-melódica pode se adaptar à sucessão de acordes, criando coerência formal. Esse é o caso do exemplo 49, abaixo reapresentado: uma célula de três notas se desloca, seja ritmicamente (observe as antecipações que propiciam riqueza rítmica) como melodicamente, adaptando-se às notas dos acordes:

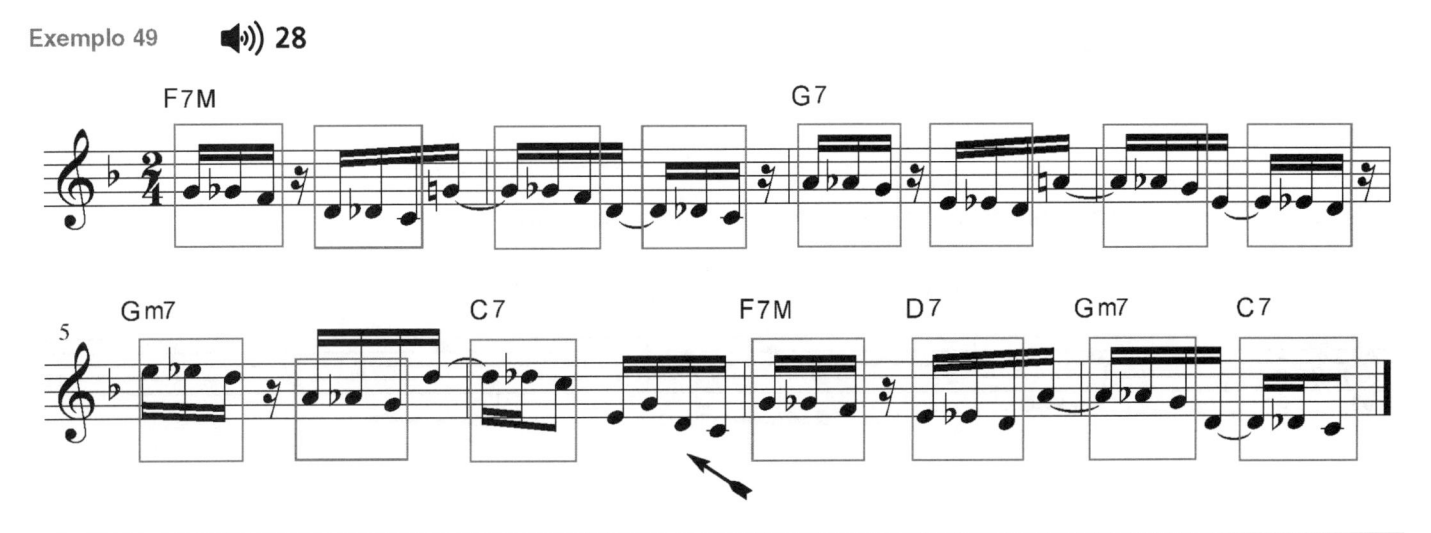

Exemplo 49   🔊 28

Observe a célula do compasso 6: ela apresenta uma variação no desenvolvimento melódico, mas respeita o elemento rítmico. Os compassos 7-8 apresentam maior densidade de acordes. A densidade de acordes por compasso define o assim chamado "ritmo harmônico". Por exemplo, uma música que tem um acorde por compasso possui um ritmo harmônico diferente de uma que possui dois acordes por compasso. Nos compassos 7-8, a célula rítmico-melódica se adapta ao mudar o ritmo harmônico.

O exemplo 14 mostra uma realização de frases através de células rítmico-melódicas. Logo abaixo a célula está evidenciada. O restante constitui a adaptação da célula aos acordes para desenvolver a melodia. Vejamos:

Exemplo 50

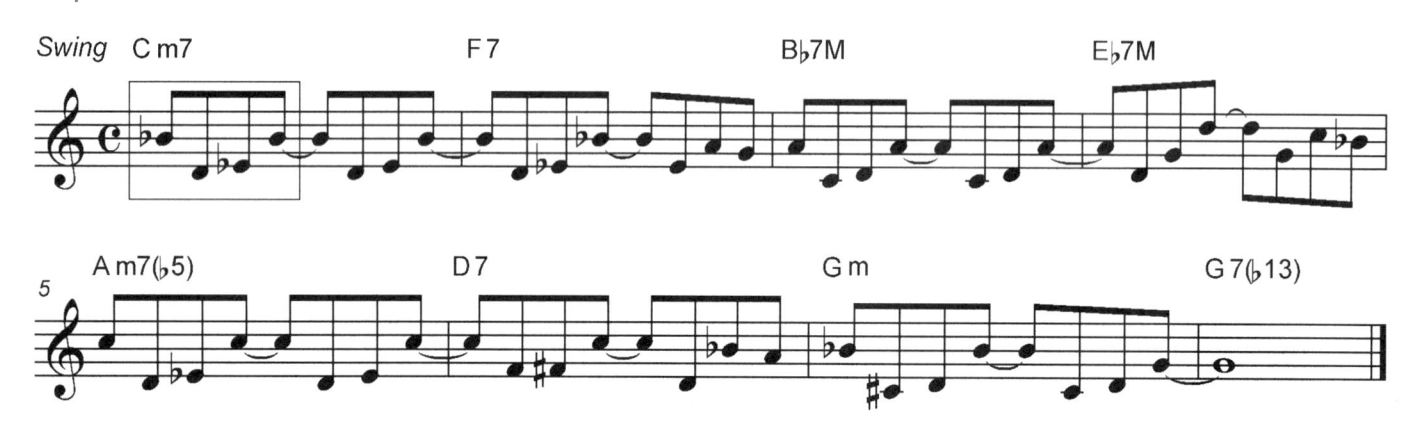

Na improvisação temática, além de usar o tema original para modificá-lo, é possível inventar uma nova célula melódica para, a partir desta, desenvolver uma nova construção. Isso se dá de duas formas: a) a célula – ou motivo – é repetida de forma literal ou transposta em um grau diferente, sem que suas relações intervalares ou rítmicas sejam modificadas; b) o motivo é repetido de forma variada, ou seja, alguns elementos da célula rítmico-melódica são modificados.

Exemplo 51 Repetição literal da célula rítmico-melódica:

Exemplo 52 Repetição com variação da célula com variação melódica:

Picasso

Turi Collura

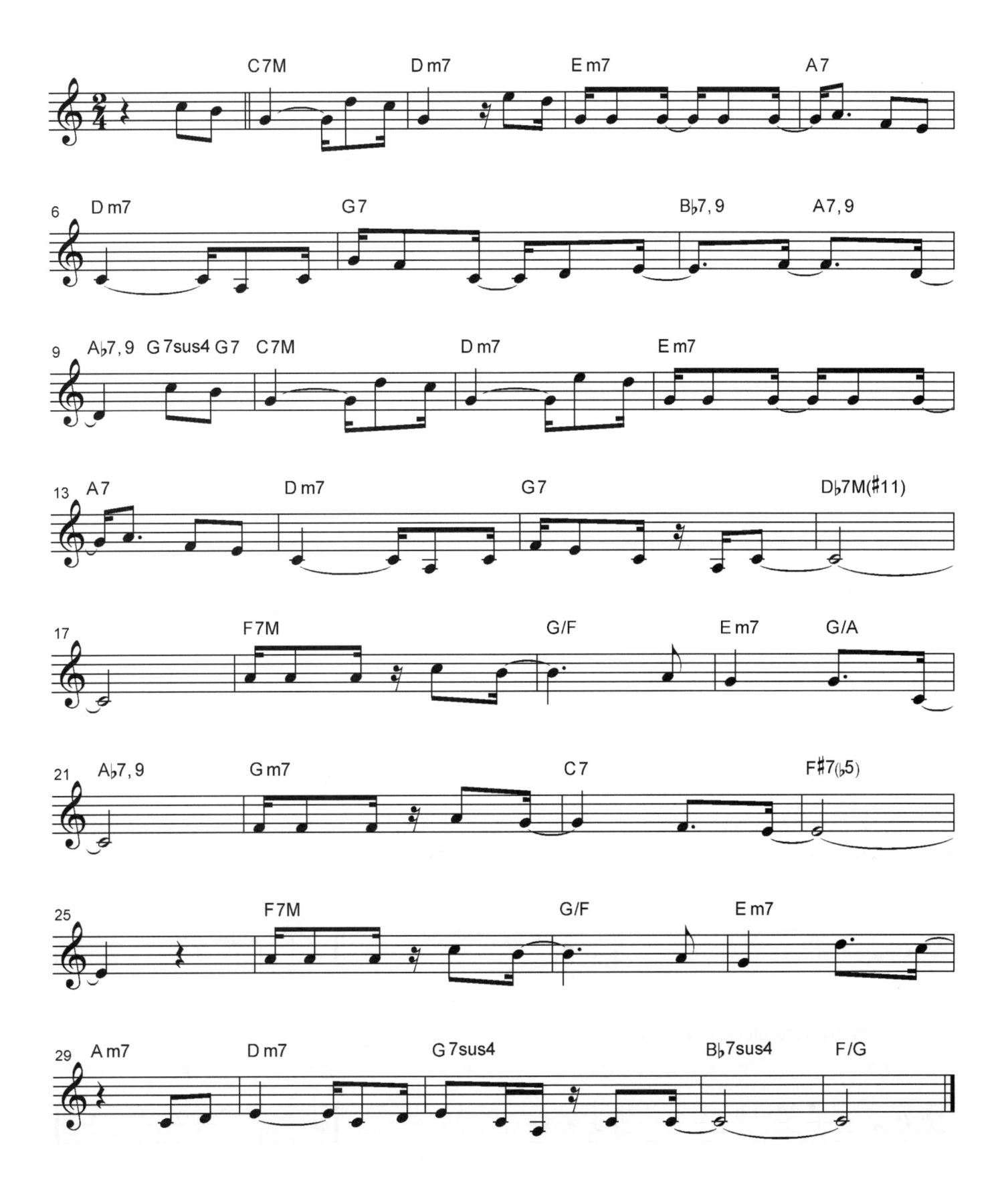

5 APLICAÇÃO DA ABORDAGEM VERTICAL EM DIVERSOS CONTEXTOS ESTILÍSTICO-MUSICAIS

1. PRINCÍPIOS DE CONSTRUÇÃO DE LINHAS DE *WALKING BASS*

A palavra *walking bass*, que na língua portuguesa pode ser traduzida como "baixo andante" ou "baixo que anda", indica uma prática usada pelos contrabaixistas para acompanhar no *swing* jazzístico. Além do contrabaixo, a prática do *walking bass* pode ser executada por outros instrumentos como o piano e o violão que, na ausência do contrabaixo, podem se encarregar de "reger" a harmonia na sua linha mais grave.

Principais características do *walking bass*

- Conduz a voz mais grave da harmonia de uma música e fornece, ao mesmo tempo, junto com a bateria – quando esta estiver presente – a pulsação rítmica.

- Uma linha de *walking bass* deve definir claramente a harmonia que está sendo tocada. Para isso, se baseia, principalmente, nas notas dos acordes.

- Na sua forma tradicional, o *walking bass* marca todos os tempos do compasso, normalmente em semínimas.

- Os princípios de condução melódica do *walking bass* podem ser aplicados a outros estilos musicais, como o samba e a bossa-nova.

Sugestões para a construção de linhas de *walking bass*

- **Baseando-se nas notas do acorde, passar ao acorde sucessivo, alcançando-o através de uma nota do novo acorde (nota "R")**. No baixo, a nota mais clara de todas, para definir um acorde, é a fundamental, seguida pelo terceiro grau, pelo quinto grau e sétimo grau.

- Para que possamos resolver, melodicamente, na nota certa, é útil **olhar sempre para a frente**, estabelecendo qual nota queremos alcançar quando chegarmos ao novo acorde. Definido este alvo, preenchemos os espaços até alcançar nosso objetivo.

- **Usar cromatismos e notas da escala** para alcançar a nota que interessa.

Exemplo 53 A nota Dó vai alcançar a nota Lá, terceiro grau do acorde de F. Entre elas existem três tempos a serem preenchidos. Podemos traçar algumas possibilidades:

Exemplo 54 A nota Dó alcança a nota Fá:

Capítulo 5 - Aplicação da abordagem vertical em diversos contextos estilístico-musicais

Exemplo 55 **Walking bass em um blues jazzístico.** 🔊 31

- Quando alcançar a nota do novo acorde por meio de um salto, procure fazê-lo usando um **cromatismo** (ascendente ou descendente).

Exemplo 56

- **Use, também, saltos de oitava** para manter o *walking bass* em um registro razoável.

- **Procure equilibrar a linha do *walking bass***: tanto movimentos ascendentes quanto descendentes devem estar presentes. Procure alternar: subir por graus conjuntos e descer com saltos e vice-versa.

Exemplo 57

- **Procure o equilíbrio entre movimentos conjuntos e arpejos**. Se a linha "pular" muito, ela pode resultar confusa ou pouco estável. Da mesma forma, se a linha proceder somente por graus conjuntos, ela pode resultar fraca. A diversidade cria interesse.

- **A sucessão de notas deve ter uma forma harmonicamente clara.**

Exercício n° 36. Completar as linhas melódicas apresentadas, alcançando as notas já colocadas.

Exemplo 58 Transcrição da linha de *walking bass* do segundo *chorus* da faixa 21 (**Estrutura harmônica n° 3**):

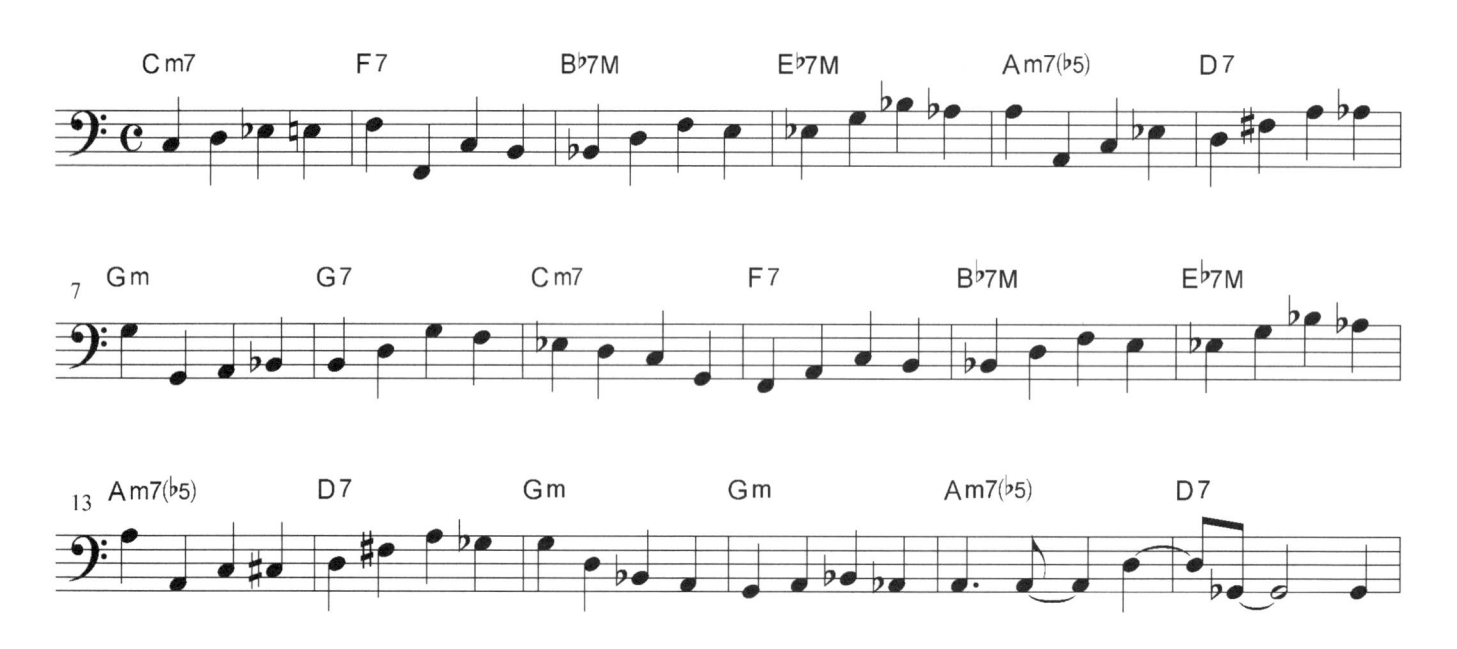

2. A EXECUÇÃO DA NOTAÇÃO *SWING*

Os ritmos *swing* e *shuffle* são executados atrasando um pouco as notas que estão no contratempo (anacruse), ou seja, na figura abaixo, as segundas notas de cada grupo de duas notas:

O que pode ser traduzido, de certa forma, assim:

A palavra inglesa *swing* significa "balançar", e indica o jogo de antecipações e atrasos característicos dos fraseados jazzísticos. Explicar a pronúncia *swing* não é simples. Ela pode ser considerada como um elástico, que ora se afasta, ora se aproxima do ponto de partida e não pode ser presa à partitura. Às vezes, a frase é um pouco atrasada ou adiantada na pulsação. Isso depende do jeito do jazzista interpretar e também da própria personalidade. Existe, obviamente, um limite à oscilação. Passado esse limite o músico passa a tocar fora do tempo. Somente a prática ensina a reconhecer e respeitar o limite. O exemplo seguinte mostra como é escrito um típico acompanhamento no estilo *boogie woogie*.
A faixa 32 mostra, em primeiro lugar, a pronúncia ritmicamente "errada", ao pé da letra, para depois mostrar a pronúncia certa: as notas em anacruse são atrasadas, quase alcançando figuras de quiálteras.

Exemplo 59 🔊 32

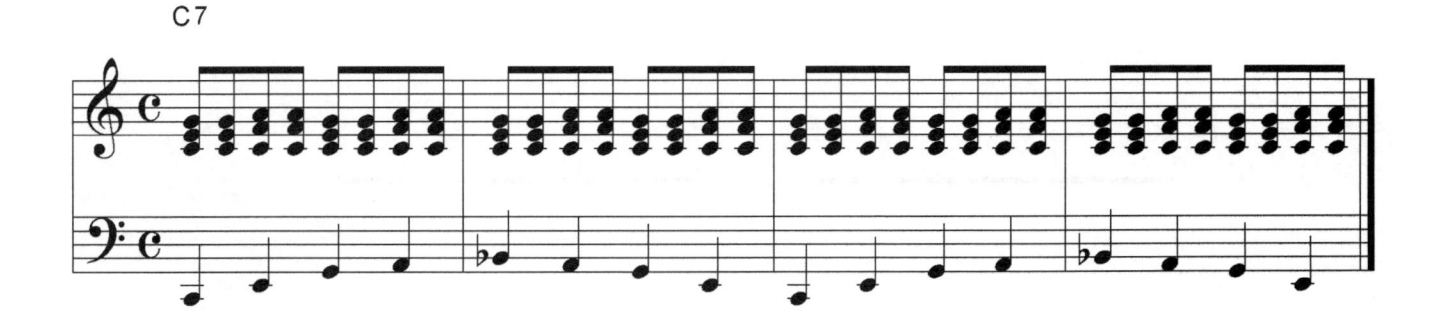

A "PRONÚNCIA" DO SWING

A pronúncia do *swing* necessita de mais uma consideração. Dividimos dois grupos de frases, conforme as características seguintes:

Exemplo 60a
Frases com movimento diatônico ou cromático (intervalos de 2ª maior ou menor):

Exemplo 60b
Frases com movimento por intervalos maiores do que a 2ª maior (3ª, 4ª etc.):

Os intervalos maiores do que a 2ª maior (os arpejos, movimentos intervalares de 3ª, 4ª, enfim, qualquer outro movimento melódico que não seja de 2ª), são pronunciados "mais tercinados". Nos movimentos diatônicos/cromáticos (2ª maior ou menor) o atraso da nota em anacruse é menos marcado, quase voltando à pronúncia própria do grupo de duas notas (pronúncia "reta"). É preciso dizer que não existe uma regra quanto à pronúncia *swing*. Cada músico tem a própria. Veja o exemplo seguinte:

Exemplo 61 Perceba os tipos de movimentos de frases:

Dm7   G7   C7M

mais tercinado   menos tercinado

Obviamente, uma frase pode conter os dois tipos de movimento. O que conta é, em geral, o tipo de movimento que prevalece; pouco importa se no meio de uma frase diatônica existe um intervalo mais amplo, assim como pouco importa se uma frase arpejada contém um intervalo de segunda.

Outra coisa importante na pronúncia *swing* são os acentos da frase. Eles caem nas notas em contratempo, ou seja, nas notas que vêm sendo atrasadas (esse conceito será aprofundado no Capítulo 6):

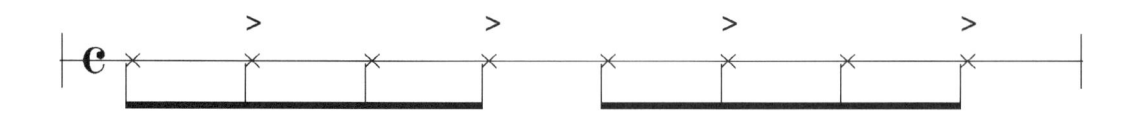

3. SOBRE A IMPROVISAÇÃO JAZZÍSTICA

Os historiadores indicam que o jazz surgiu, como estilo musical, no começo do século XX, não tendo ainda, na fase inicial, uma identidade definida. Em pouco mais de sessenta ou setenta anos, a evolução da linguagem jazzística foi muito grande. A musicologia considera que o jazz nasceu da mistura da música blues afro-americana com a harmonia européia, mistura que o jazz herdou, em primeira instância, através do ragtime. Na década de 1920, músicos como Louis Armstrong – o primeiro grande improvisador – criavam seus solos baseando-se na melodia principal e nas notas dos acordes, sem muitos cromatismos. As frases eram bastante lineares e o blues mostrava grandemente a sua influência.

Nos anos 1930, compositores como Count Basie e Duke Ellington incorporaram nas suas músicas as extensões dos acordes, como 9ª, 11ª e 13ª. O jazz dessa época era melodicamente mais simples e dançado.

Em meados de 1940, nasce o estilo *be-bop*, que traz consigo uma revolução, seja em termos compositivos como também em termos de improvisação. O *be-bop* nasceu pelas mãos de músicos como Charlie Parker, Dizzy Gillespie, Thelonius Monk e Charles Mingus, entre outros. As novas músicas são mais rápidas; as harmonias se tornam cheias de mudanças de acordes; as melodias são caracterizadas por arpejos e passagens virtuosísticas. Duplas aproximações cromáticas às notas dos acordes, tercinas alternadas a grupos de duas e quatro notas são recursos que fazem parte do léxico dos *be-boppers*. O jazz dessa época deixa de ser dançado, fechando-se em pequenos clubes reservados a "entendedores" e "simpatizantes".

Exemplo 62 Frase *be-bop*:

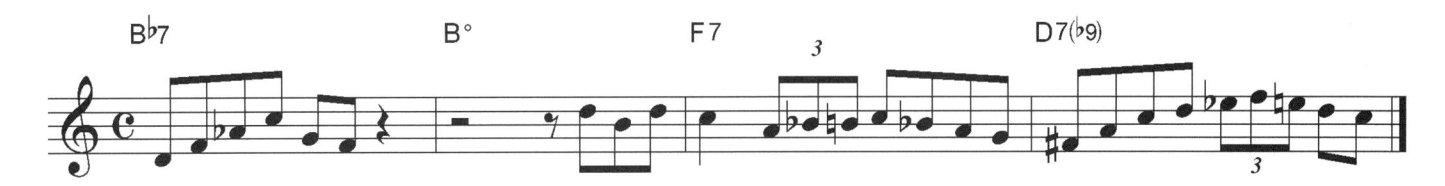

Outra revolução na linguagem jazzística se dá na década de 1950, quando surge o estilo *cool* e, sucessivamente, o estilo modal. O denso entrelaçar dos acordes *be-bop* cede o passo a estruturas harmônicas que fogem do encadeamento de acordes. Agora, o que mais importa é a busca da sonoridade. O manifesto do estilo *cool* é o disco de Miles Davis, *Birth of the cool*, com arranjos de Gil Evans. A música *be-bop* deixa um marco enorme em tudo que veio depois; o *cool jazz* refina suas harmonias, assim como as improvisações. Alguns anos depois, músicos como Miles Davis e Bill Evans operam mais uma transformação na linguagem: é de 1959 o manifesto do *jazz modal*, o disco *Kind of blue*, sempre no nome de Miles Davis. As músicas modais invertem a lógica *be-bop*: agora, um acorde pode durar 16 compassos ou mais, antes de ser mudado. A busca é direcionada à sobreposição de escalas diferentes, como a escala hispânica que influenciou Davis a partir de sua viagem à Espanha, ou as escalas orientais e simétricas. Isso com o objetivo de criar novas sonoridades.

Exemplo 63 Frase modal:

A partir de meados dos anos 1950, afirma-se outra grande figura: John Coltrane, que participa do *jazz modal*, tornando-se um colosso do saxofone, e que em 1959 grava um disco, *Giant Steps*, no qual apresenta o resultado de uma busca harmônica inovadora. Coltrane traça encadeamentos de acordes inusitados até então, que deixaram um marco particular na história.

Cada vertente jazzística que nasce deixa sua herança para as gerações futuras. Nos anos 1960, uma nova geração de músicos, como, por exemplo, Herbie Hancock e Wayne Shorter representa, para o jazz, o que compositores como Scriabin ou Stravinsky representam para a música erudita. A tonalidade na sua interpretação tradicional é superada. Em volta do centro tonal, gravitam agora acordes distantes, ligados, a cada vez, por critérios compositivos diferentes. Nos anos 1960, se afirma um tipo de improvisação baseada nas escalas lídias, fruto do livro de George Russel, *The lydian chromatic concept of tonal organization for improvisation*. O livro propôs um novo sistema de abordagem para a improvisação. A década de 1960 apresenta, ainda, outra novidade: o *free jazz*, fenômeno complexo no qual podemos detectar três fontes: 1) a ruptura do tonalismo; 2) o protesto social dos negros; 3) a busca espiritual. As três vertentes nem sempre se apresentam, ao mesmo tempo, em uma obra ou em um autor, gerando assim manifestações bem diferentes dentro da corrente *free*.

Nos anos 1970 - 80 o jazz se eletrifica, incorporando as sonoridades do rock. Nasce o estilo *fusion*, que significa fusão de gêneros. A linguagem melódica evolui mais uma vez; vivenciamos, nessa época, o nascimento do jazz contemporâneo. Em termos improvisativos, a sobreposição de estruturas superiores (veja o Volume 2) se torna a principal referência. A improvisação vertical se torna elemento muito importante, mas usada de forma nova. O jazz contemporâneo procura novas sonoridades através de estruturas politonais, estruturas constantes, e procura novos pontos de vista dentro do sistema tonal.

Exemplo 64 Improvisação contemporânea:

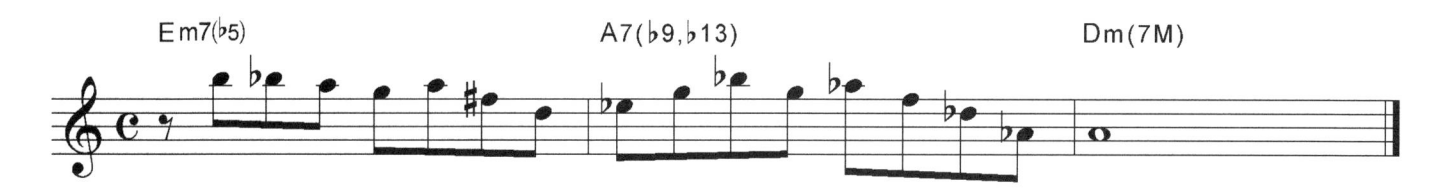

Concluindo, podemos dizer que não existe "um só jazz", assim como não existe um só tipo de improvisação jazzística. Existem várias correntes e vários estilos, cada um com características próprias. Existe, obviamente, um léxico reconhecível, característico, que liga as várias manifestações desse fenômeno musical.

Somente na improvisação o ouvinte tem a possibilidade de ter um contato real com o músico, sem a distância normal que existe nos outros tipos de execução. Cada nota, absolutamente cada nota, é fruto de uma decisão tomada naquele exato momento em que o ouvinte a escuta. Não é escrita em uma partitura e não foi nem mesmo prevista. Cada nota está no presente e é viva. Como se alguém dissesse: Vem! E a nota chegasse.

Keith Jarrett

4. SOBRE A IMPROVISAÇÃO NO CHORO

Os primeiros grupos de choro surgiram no fim do século XIX, propondo uma nova forma de interpretação para a música de dança européia, temperada com ritmos e práticas de matriz afro-brasileira. Estas últimas determinaram, por exemplo, a pulsação binária.

Desde o começo, o choro trouxe a característica da improvisação e do desafio entre os músicos. Inicialmente baseados no embelezamento e variação das melodias, os elementos interpretativos utilizados são reconhecíveis na ornamentação, articulação, variação rítmica e dinâmica. Aos poucos, o vocabulário do estilo passou a incluir modulações súbitas e passagens virtuosísticas, que, muitas vezes, eram refletidas nos títulos das composições, como em "Cuidado, colega"; "Apanhei-te, cavaquinho"; "Segura ele"; "Modulando"; "Espinha de bacalhau"; e outros.

No que se refere à forma, o choro típico possui três partes: A, B e C, que se articulam, na sua forma padronizada, assim: A-A-B-B-A-C-C-A. As partes B e C são construídas nas regiões da dominante ou da subdominante e relativos ou homônimos. Pixinguinha, porém, introduziu músicas em duas partes (por exemplo, "Carinhoso", de 1917 e gravada em 1928, e "Lamento", de 1928), o que o crítico Cruz Cordeiro considerou, na época, como resultado da influência negativa do jazz.

A forma das composições tradicionais é fechada; não se trata de harmonias cíclicas: cada música tem um começo e um fim definido, e entre eles há um número de compassos determinado. Neste caso, normalmente, a improvisação se dá mais no sentido da interpretação e variação melódica, na qual a contribuição de cada autor é característica pessoal. Encontramos também uma forma coletiva de improvisação, em que, juntamente com o solista, os outros músicos improvisam melodias em contraponto e novos acompanhamentos, como as frases graves do violão (chamadas de baixaria). Como qualquer estilo musical, o choro possui seu próprio repertório de frases típicas.

A partir de meados do século XX, o choro passou a absorver elementos do jazz que então começava a se difundir no Brasil. Apesar de ser um aspecto muito discutido na história do gênero, o certo é que muitos instrumentistas (principalmente de sopro) passaram a utilizar recursos jazzísticos tanto na composição quanto no arranjo. Além disso, o jazz foi importante por consolidar, como solistas, instrumentos que eram reservados às bandas, como o saxofone e o trombone. No entanto, no que se refere à improvisação, o choro dava mais ênfase aos aspectos rítmicos, sem grande distanciamento da melodia original do tema.

Músicos como Pixinguinha, Jacob do Bandolim e Abel Ferreira estabeleceram (cada um em seu instrumento) os parâmetros de interpretação do choro, marcando as décadas de 1950 - 60 como o período clássico do gênero. No entanto, a bossa-nova, a partir de 1958, e a jovem guarda, a partir de 1965, contribuíram de formas diferentes para o declínio do mercado da música instrumental tradicional, enquanto relegavam ao choro uma posição de estilo ultrapassado.

Nos anos 1970, o choro viveu um período importante de valorização e surgimento de novas formas de interpretação. Enquanto o show *Sarau* (com Paulinho da Viola e o Época de Ouro) e os festivais de choro trouxeram de volta à mídia formas e procedimentos tradicionais, grupos jovens como os Novos Baianos e a Cor do Som colocavam bandolins e cavaquinhos ao lado de guitarras e baixos elétricos, atraindo a atenção do público jovem.

O surgimento desse novo cenário possibilitou o diálogo com novas linguagens na década seguinte. Ao mesmo tempo em que incorporava elementos das músicas erudita e contemporânea, o choro passou a ser uma referência estética para compositores populares.

Duas formações emblemáticas dos anos 1980 foram a Camerata Carioca e a Nó em Pingo D'água. Enquanto o primeiro grupo fazia uma ponte entre o choro e a música barroca, o segundo trazia para o repertório chorão Piazzolla, Egberto Gismonti, Hermeto Pascoal, Tom Jobim e outros compositores contemporâneos.

A disseminação dos clubes de choro e o recente surgimento de escolas específicas são reforçados pelo aparecimento de jovens músicos como o violonista Yamandu Costa e o bandolinista Hamilton de Holanda, que comprovam a constante evolução do choro.

Segundo o pianista Clifford Korman: "Parece que o vocabulário de improvisação está mudando. Essa fase nova do choro inclui, em alguns praticantes, uma familiaridade com a linguagem do jazz. (...) Possivelmente estamos numa fase de transformação".

Hoje em dia, podemos observar as seguintes tendências na improvisação no choro:

1. A estrutura é alterada, possibilitando a improvisação sobre uma seqüência harmônica cíclica.
2. Partes novas, fora da estrutura original, são dedicadas à improvisação.
3. Aspectos da linguagem melódica e *performance* jazzística estão sendo apropriados e usados livremente.
4. Repertório, fragmentos melódicos e fraseados da tradição brasileira têm sido incluídos no "vocabulário comum".

A análise de temas e improvisos do repertório evidencia a utilização tanto de técnicas verticais de construção melódica quanto da prática de escalas. Isso significa que a melodia do chorinho é uma mistura de frases horizontais (escalas) e verticais (arpejos e aproximações cromáticas às notas dos acordes).
Uma característica da música popular brasileira é o emprego abundante de acordes diminutos, sobre os quais, muito freqüentemente, a melodia desenha as notas dos acordes. Os acordes diminutos, muitas vezes, substituem um acorde de dominante com ♭9. No exemplo seguinte, o acorde C♯° substitui A7♭9, dominante de Dm. O acorde G♯° substitui E7♭9 e resolve em Am.

Exemplo 65 🔊 33

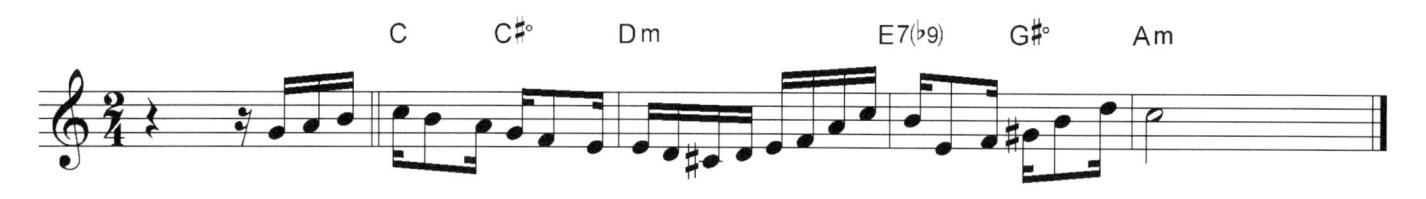

Exemplo 66 Alguns exemplos de fraseado sobre acordes diminutos:

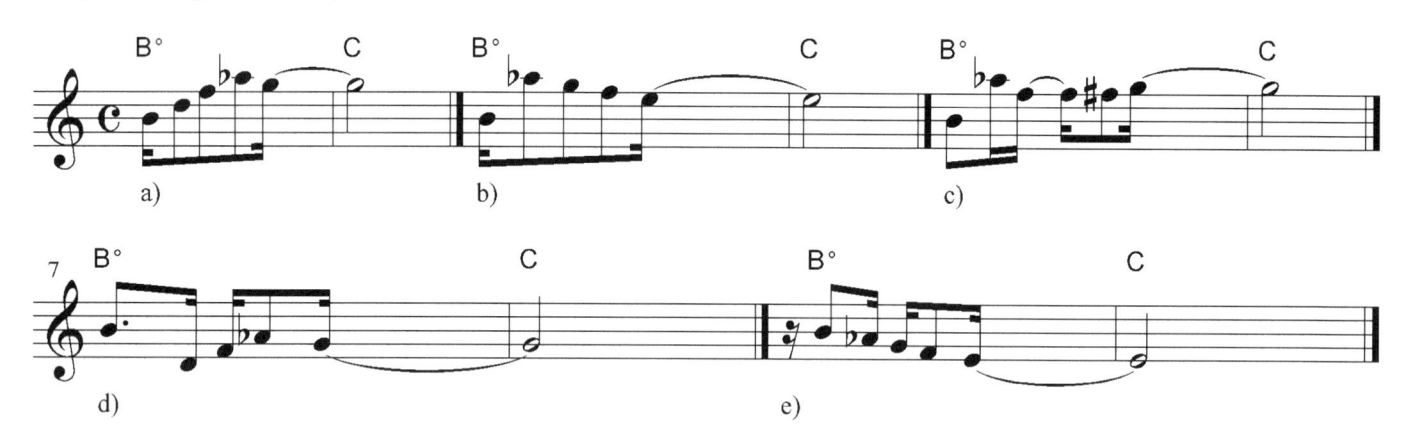

Outra característica da música brasileira (principalmente do choro) é o uso de inversões nos acordes de dominante com baixo no terceiro grau, para criar movimentos diatônicos na voz mais grave entre os acordes:

Exemplo 67

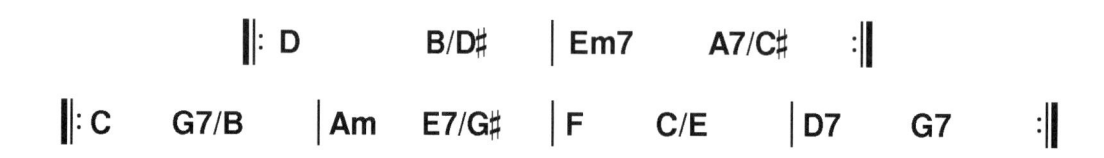

‖: D   B/D♯ | Em7   A7/C♯   :‖

‖: C   G7/B | Am   E7/G♯ | F   C/E | D7   G7   :‖

Capítulo 5 - Aplicação da abordagem vertical em diversos contextos estilístico-musicais

PADRÕES RÍTMICOS DO CHORO

A pulsação do choro é binária. Abaixo alguns exemplos de padrões rítmicos:

Exemplo 68

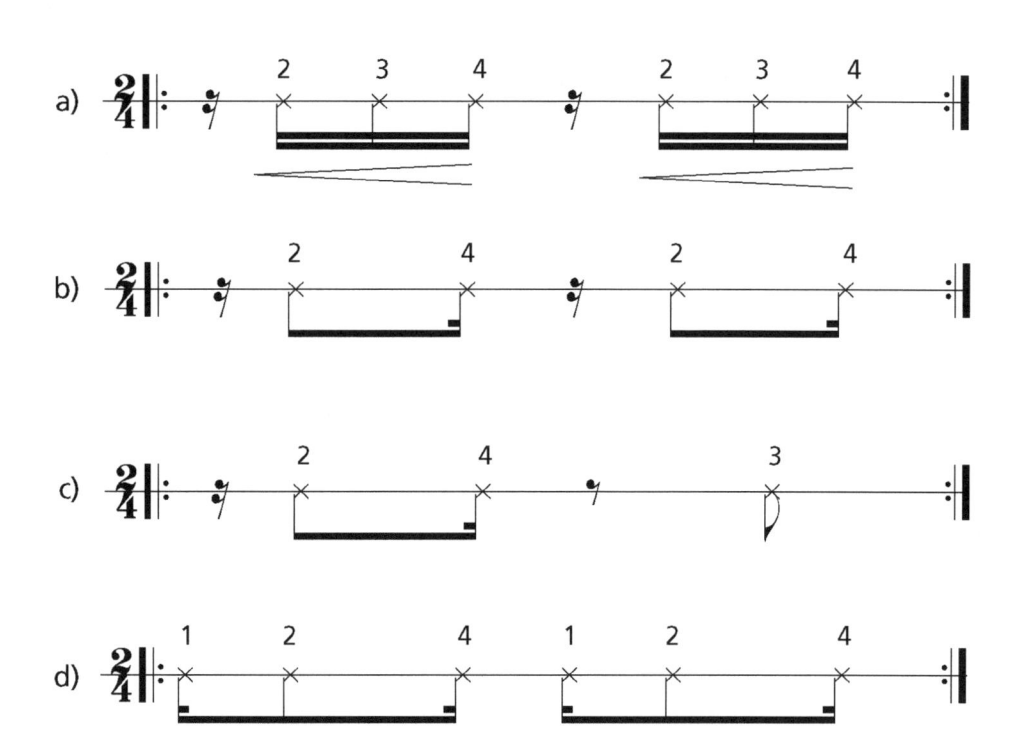

EXEMPLOS DE TRANSFORMAÇÃO RÍTMICA NO ESTILO DO CHORO

O estudo dos arpejos, como no caso apresentado no Capítulo 2 sobre a música "Afinando", pode ser feito pronunciando as notas assim:

Exemplo 69 🔊 34

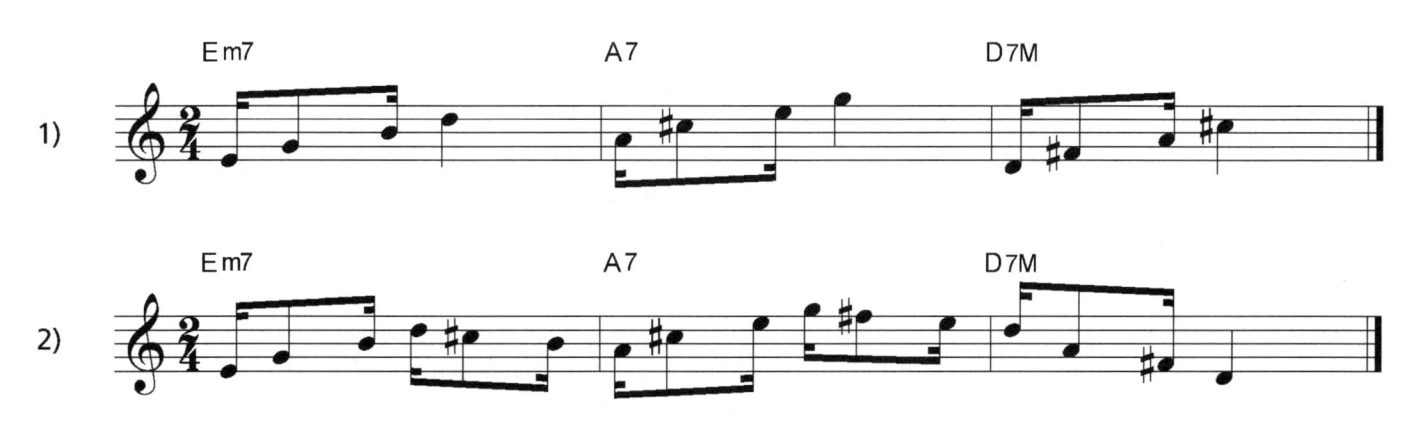

Exemplo 70 Exemplo de frases baseadas na abordagem vertical e sua adaptação rítmica ao estilo do choro:

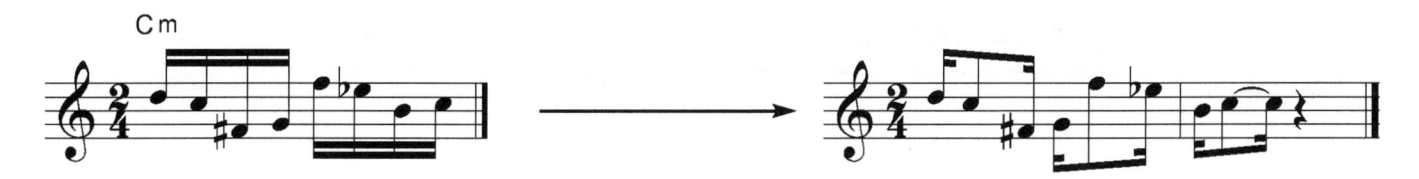

Exemplos de frases típicas evidenciadas na literatura do choro

Exemplo 71 🔊 35

O *SWING* NO CHORO

A definição "*swing* no choro" é dada por Mário Sève no seu livro *O vocabulário do choro*, no qual o autor evidencia que, de maneira similar à pronúncia *swing*, o choro também possui algumas características rítmicas de pronúncia. Como Mário Sève ressalta, um grupo de notas como as abaixo

Exemplo 72

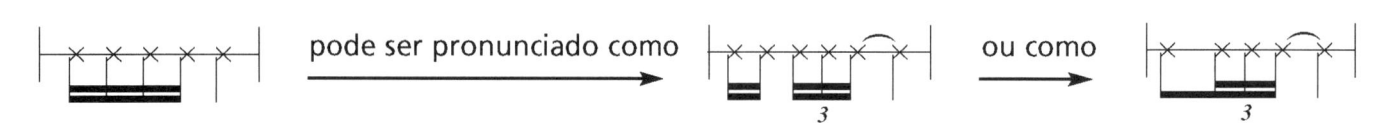

6 CICLOS MELÓDICOS

1. O CÍRCULO DAS QUINTAS COMO FERRAMENTA DE ESTUDO

Apresento uma ferramenta importante para o estudo e a prática de exercícios e frases em todas as tonalidades: o círculo das quintas.[1] Com essa expressão, indicamos uma disposição de acordes em volta de um círculo, cujas fundamentais estão ligadas em relação de quintas descendentes. Entre as fundamentais dos acordes C e F, por exemplo, existe uma relação de quinta descendente, assim como entre os acordes F e B♭, entre B♭ e E♭ etc. (veja figura ao lado).

Um *ciclo* representa uma seqüência de acordes assim caracterizada:
a) As fundamentais dos acordes estão em relação constante entre si (consideramos, no caso, a relação de quintas descendentes).
b) Começando por um determinado acorde, depois de ter feito um caminho harmônico, a seqüência volta ao acorde de partida, de forma cíclica. A figura ao lado mostra a relação de quintas entre os acordes descendentes. Podemos começar por qualquer acorde do círculo e terminar no mesmo acorde após ter percorrido os doze tons.

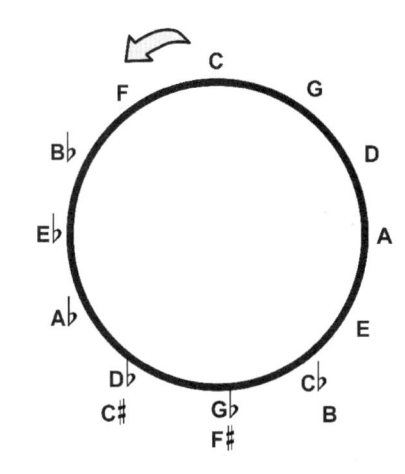

Na música tonal, o ciclo por quintas descendentes é muito importante. A análise harmônica das músicas tonais revela que muitos acordes estão ligados entre si por quintas descendentes. Praticar esse tipo de encadeamento constitui, portanto, uma etapa importante para enfrentar com sucesso uma improvisação de tipo tonal. Trata-se, então, de construir frases sobre clichês harmônicos, aprendendo a lidar com seqüências recorrentes.

Dois tipos de encadeamentos harmônicos fundamentais da música tonal que se baseiam em uma relação de quintas descendentes são:

1. O encadeamento de **acordes de dominante** (um encadeamento dessa forma: C7, F7, B♭7, E♭7 etc.).

2. O encadeamento de tipo **IIm7-V7** (um encadeamento dessa forma: Dm7 - G7; Cm7 - F7).[2] Nos dois tipos de encadeamentos podemos notar que as notas fundamentais dos acordes procedem sempre por quintas descendentes.[3]

Neste capítulo são apresentadas seqüências de frases que ligam, de cada vez, **dois acordes** do círculo, seguindo as duas modalidades apresentadas acima: 1. acordes de dominante; 2. IIm7-V7.
Uma frase apresentada sobre dois acordes (por exemplo C7 - F7), pode ser repetida um tom abaixo (B♭7 - E♭7), adaptando-se aos dois acordes sucessivos do ciclo (veja os dois primeiros compassos do próximo exercício, n° 37: a frase construída sobre os primeiros dois acordes é repetida um tom abaixo, adaptando-se aos novos acordes). Continuando a seqüência, formamos um **ciclo melódico**, que passa por todas as tonalidades, até voltar à tonalidade de partida.
Os ciclos melódicos apresentados aqui são compostos por frases que, adaptadas ao círculo das quintas, são rapidamente praticadas em todos os tons.

---

[1] Círculo ou ciclo das quintas. Alguns autores falam de "círculo das quartas" ascendentes. Na verdade, pouco importa: uma quinta descendente equivale a uma quarta ascendente. Acho mais útil pensar em quintas descendentes, evidenciando assim a relação entre o V e o I grau de cada tonalidade.
[2] Para o conceito de IIm7-V7, veja o Volume 2.
[3] Outro encadeamento importante da música tonal é a cadência II-V-I; isso será tratado no Volume 2.

Introduzindo o Ciclo melódico
Ciclo melódico n° 1: (1-2-3-5 → 8-5-3)

O exemplo ao lado mostra um membro de frase ascendente (1-2-3-5) sobre o primeiro acorde; outro membro de frase, composto por um arpejo descendente (8-5-3), está sobre o segundo acorde. Isso pode se repetir ciclicamente como no exercício abaixo (a numeração 1-2-3-5 e 8-5-3 se adapta, assim, à mudança dos acordes):

Exercício n° 37. Ciclo melódico n° 1 na modalidade acordes de dominante. 🔊 36

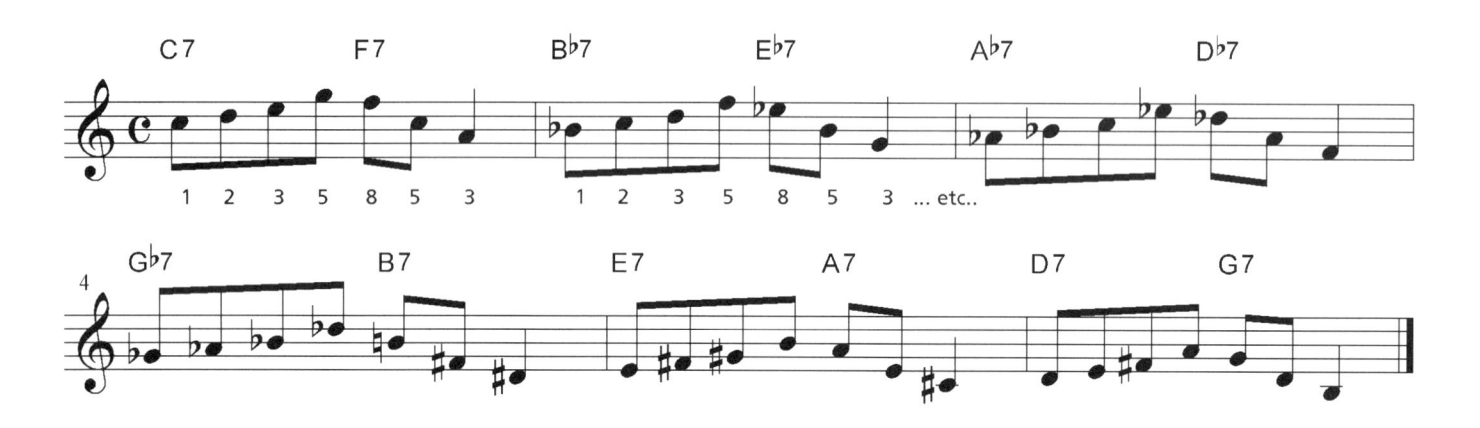

Como dito anteriormente, o exercício acima é composto por duas semifrases, uma ascendente e outra descendente. Tocando os acordes do círculo das quintas, as duas direções da frase (ascendente 1-2-3-5 e arpejo descendente 8-5-3) se alternam. Depois de ter percorrido os doze tons, de volta para o C7, o membro de frase em cima deste acorde se apresenta novamente na sua forma ascendente. É possível inverter essa ordem, de forma que sobre o C7 caiba o membro de frase descendente: é só começar pelo acorde vizinho à direita no círculo; no caso, começar pelo G7, até chegar ao segundo acorde (o C7) na forma descendente. A posição das frases resulta invertida. Veja o exemplo abaixo:

Exemplo 73

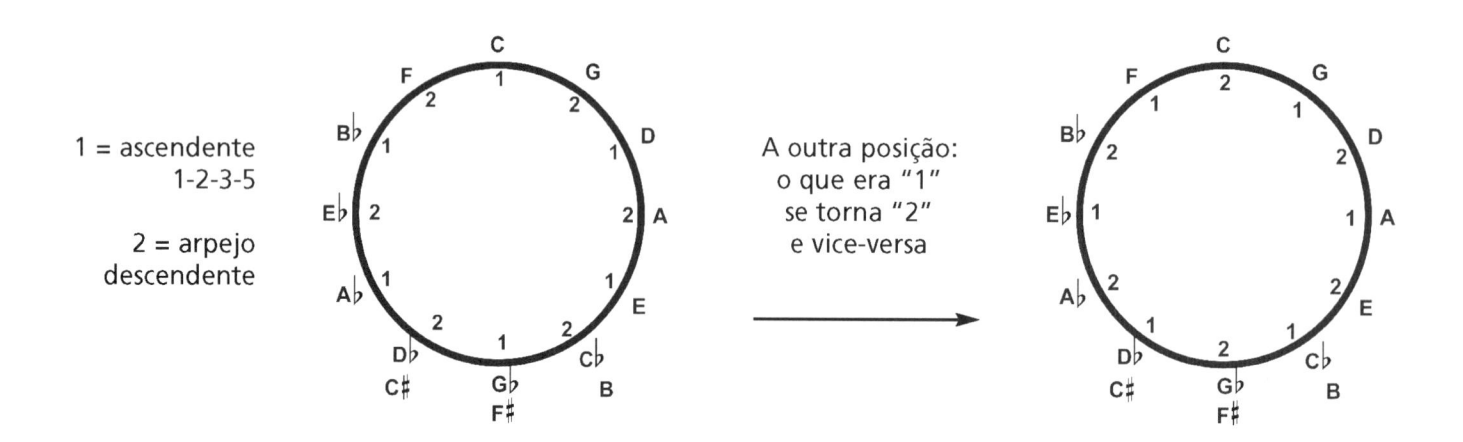

1 = ascendente 1-2-3-5

2 = arpejo descendente

A outra posição: o que era "1" se torna "2" e vice-versa

Capítulo 6 - Ciclos melódicos

Exercício n° 38. Outra posição do ciclo melódico n° 1 na modalidade acordes de dominante. 🔊 37

Trocando o primeiro acorde de cada compasso por um acorde menor, obtemos um ciclo composto por uma seqüência IIm7-V7.

Exercício n° 39. Ciclo melódico n°1 na modalidade IIm7-V7 (1-♭3-4-5 ⟶ 8-5-3). 🔊 38

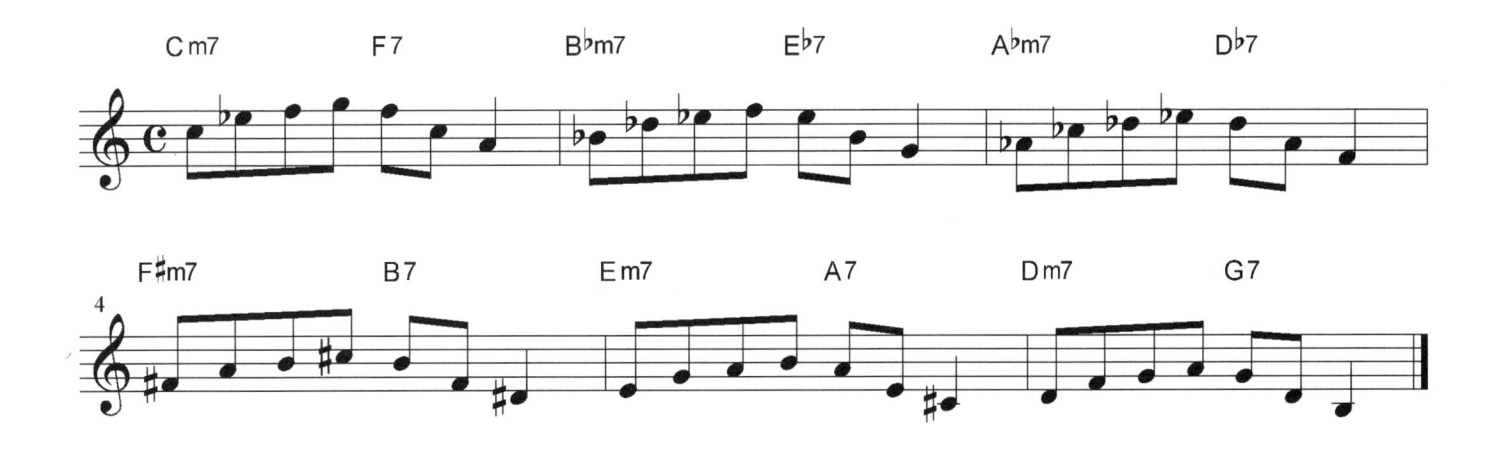

Exercício n° 40. Outra posição do ciclo melódico n° 1 na modalidade IIm7-V7. 🔊 39

Ciclo melódico n° 2: (3-2-1-↓5 → 1-2-3-5)

Exercício nº 41. Ciclo melódico n° 2 na modalidade acordes de dominante. 🔊 40

Exercício n° 42. Outra posição do ciclo melódico n° 2 na modalidade acordes de dominante. 🔊 41

Exercício n° 43. Ciclo melódico n° 2 na modalidade IIm7 -V7: (♭3-2-1-↓5 → 1-2-3-5). 🔊 42

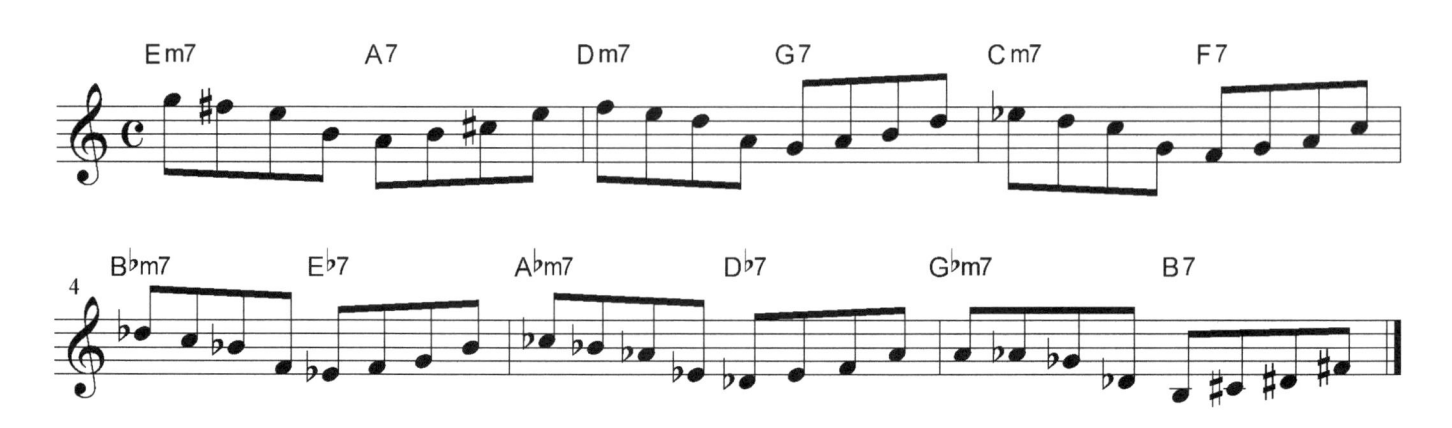

Capítulo 6 - Ciclos melódicos

Exercício nº 44. Outra posição do ciclo melódico nº 2 na modalidade IIm7-V7. 🔊 43

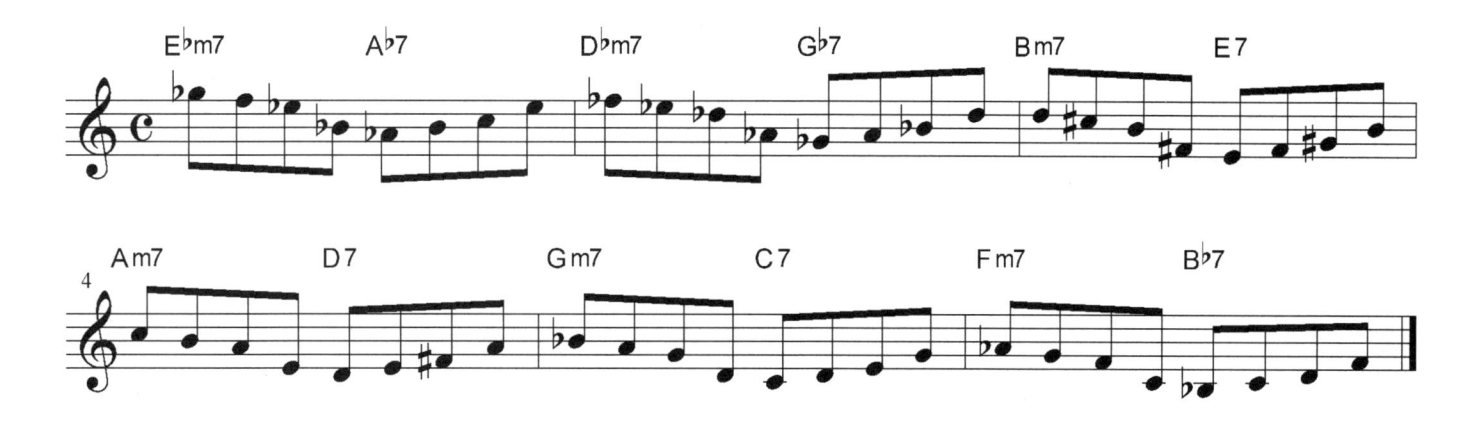

Ciclo melódico nº 3: (5-1-3-5 ⟶ 8-♭7-6-5)
Exercício nº 45. Ciclo melódico nº 3 na modalidade acordes de dominante. Continue a seqüência.
🔊 36

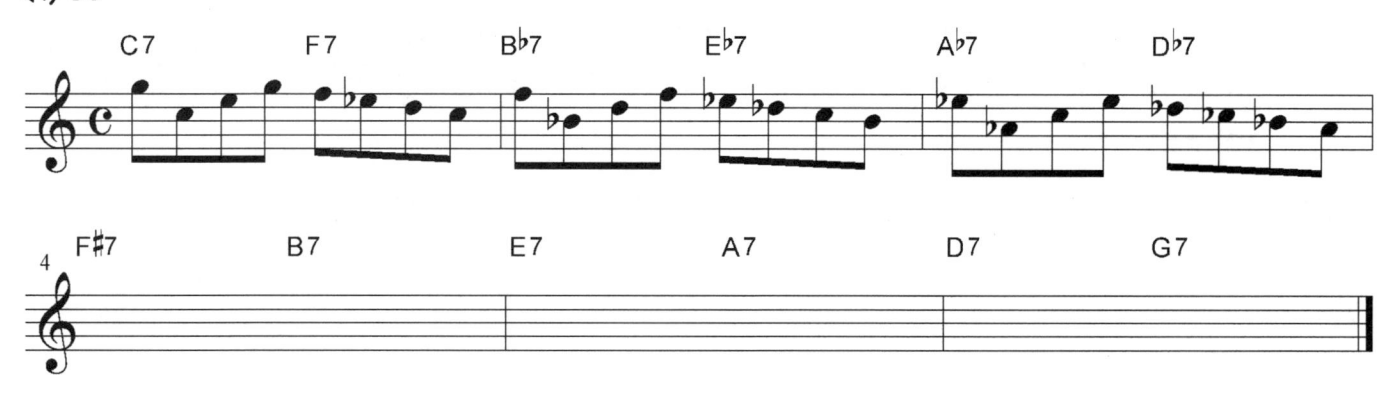

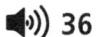

Exercício nº 46. Escreva a outra posição do ciclo melódico nº 3 na modalidade acordes de dominante.
🔊 37

Exercício n° 47. Continue a versão IIm7-V7 do ciclo melódico n° 3. 🔊 38

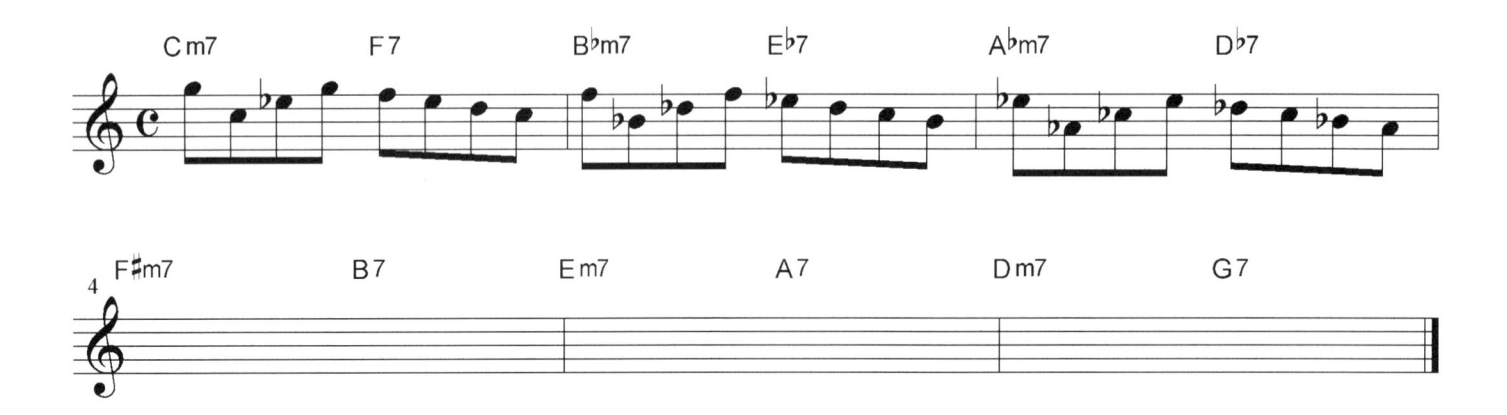

Cm7 F7 B♭m7 E♭7 A♭m7 D♭7

F♯m7 B7 Em7 A7 Dm7 G7

Exercício n° 48. Escreva a outra posição da versão IIm7-V7 do ciclo melódico n° 3. 🔊 39

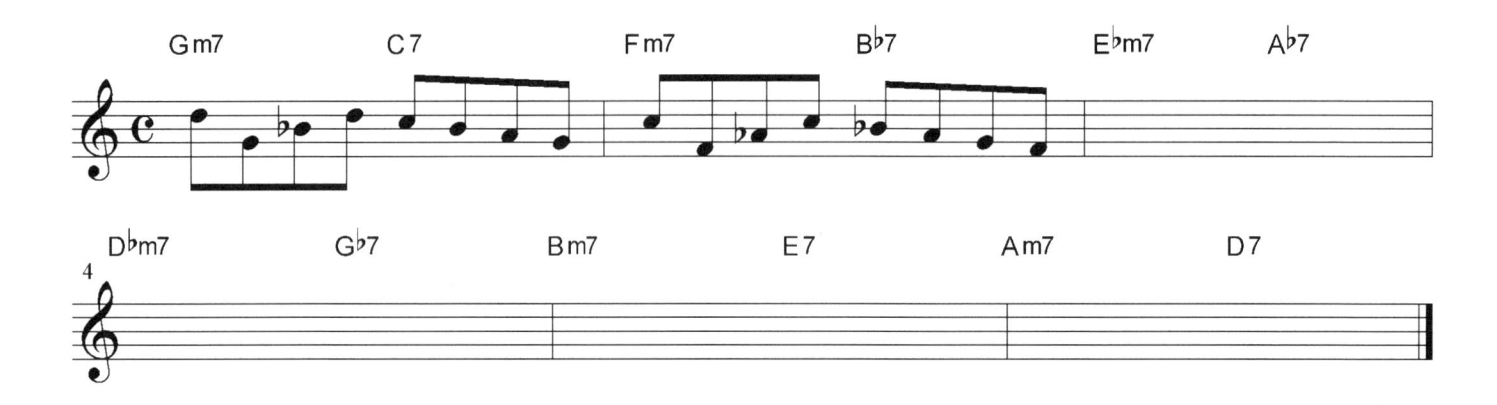

Gm7 C7 Fm7 B♭7 E♭m7 A♭7

D♭m7 G♭7 Bm7 E7 Am7 D7

Ciclo melódico n° 4: (1-2-3-5 → 8-♭7-6-5)
Exercício n° 49. Ciclo n° 4 na modalidade acordes de dominante. 🔊 36

C7 F7 B♭7 E♭7 A♭7 D♭7

G♭7 B7 E7 A7 D7 G7

Exercício nº 50. Pratique a outra posição a partir de G7 (utilize a faixa 37 para treinar).

Exercício nº 51. Ciclo nº 4 na modalidade IIm7-V7: **(1-2-♭3-5 → 8-♭7-6-5).** 🔊 **38**

Exercício nº 52. Toque a outra posição, se possível sem escrevê-la, a partir de Gm7 (utilize a faixa 39 para praticar):

Ciclo melódico nº 5
Exercício nº 53. Ciclo baseado em tercinas. 🔊 **44**

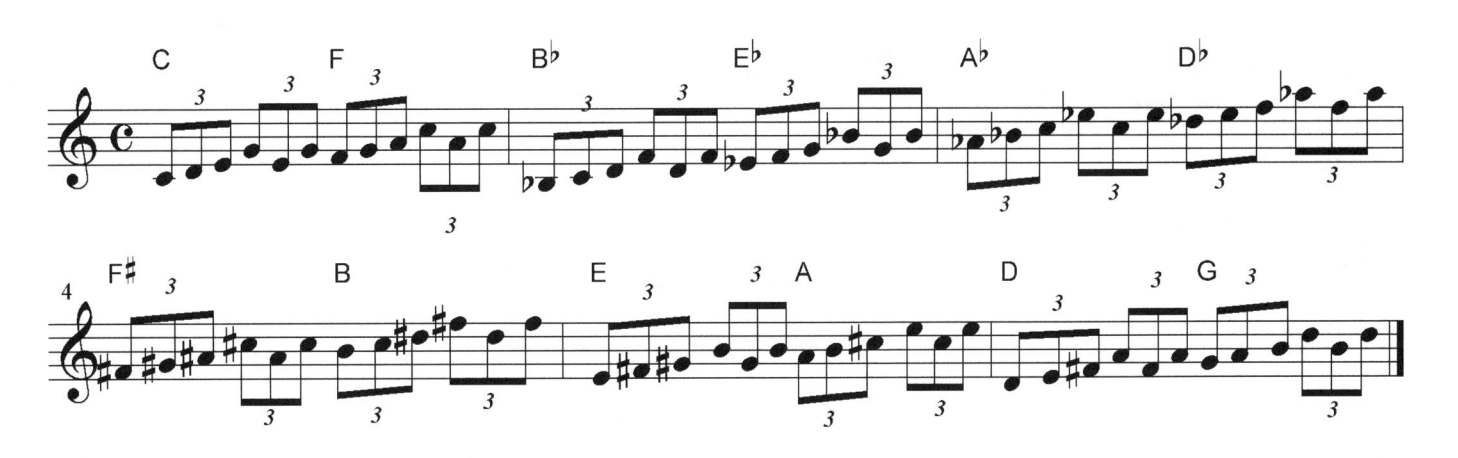

Ciclo melódico nº 6: (8-♭7-6-8)
Exercício nº 54. Ciclo nº 6 nas modalidades acordes de dominante ou IIm7-V7. 🔊 **36**

Ciclo melódico n° 7: (1-5-3)
Exercício n° 55. Ciclo n° 7 na modalidade acordes maiores ou de dominante. 🔊 36

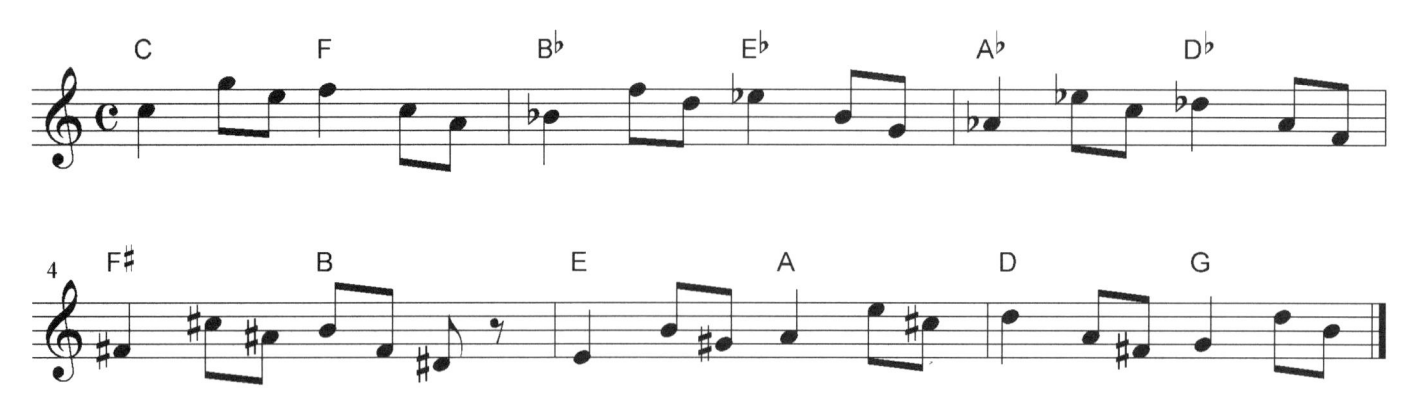

Ciclo melódico n° 8: (♭3-↓5-1-♭3 →6-5-4-3)
Exercício n° 56. Ciclo n° 8 na modalidade IIm7-V7: continue a seqüência. 🔊 38

Exercício n° 57. Escreva a outra posição do ciclo n° 8 na modalidade IIm7-V7. 🔊 39

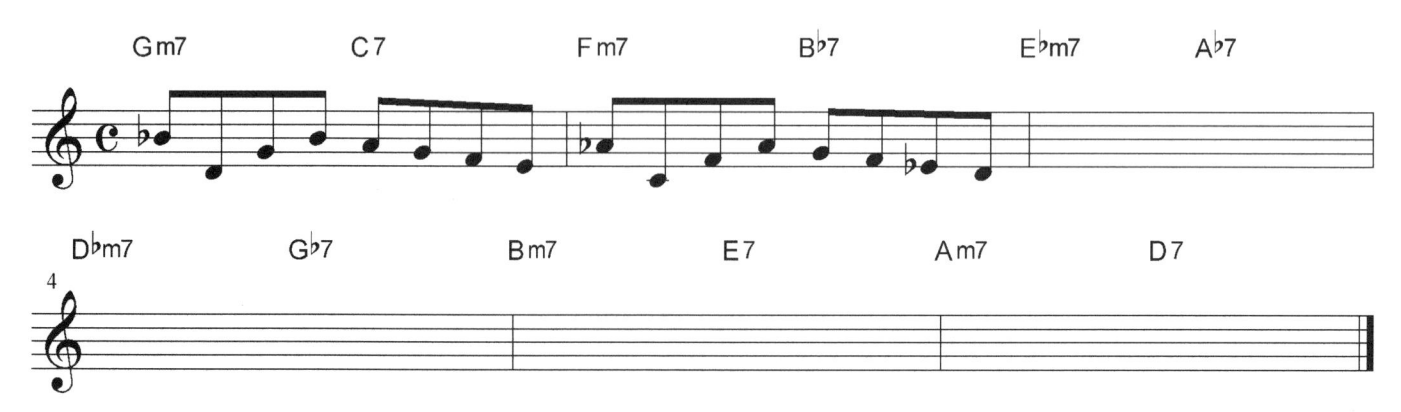

Ciclo melódico nº 9, baseado em tercinas.
Exercício nº 58. Ciclo nº 9 em todos os tons. 🔊 **44**

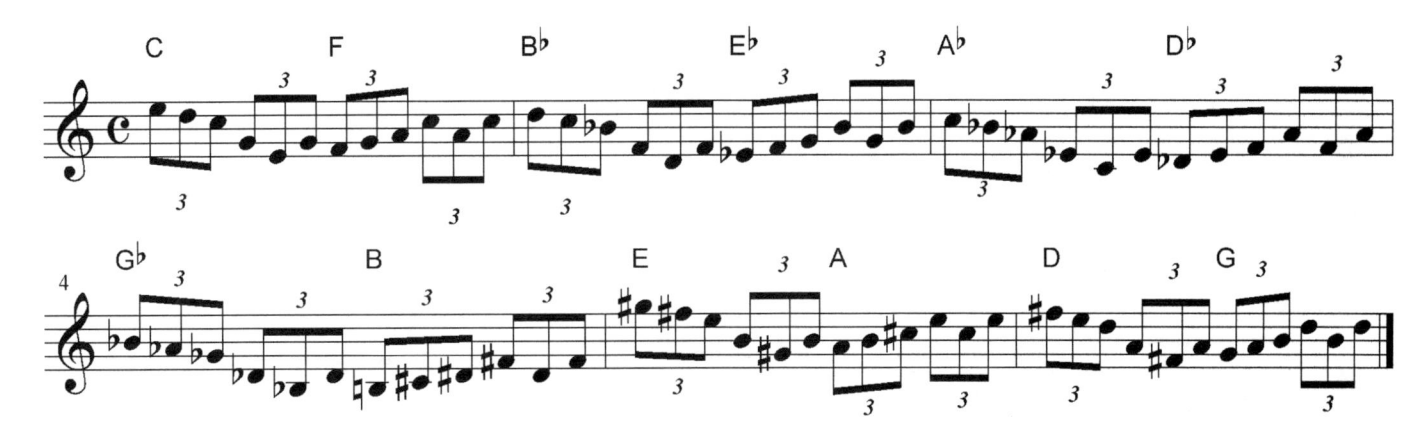

2. CONSIDERAÇÕES SOBRE A RESOLUÇÃO MELÓDICA DAS TENSÕES

Na harmonia tonal, o acorde de dominante possui uma tensão (devido ao trítono) que se resolve, normalmente, no acorde que está uma quinta abaixo (relação dominante-tônica).[4] As duas notas que compõem o trítono do acorde de dominante (3 e ♭7) são harmonicamente resolvidas, de forma tradicional, da seguinte maneira:

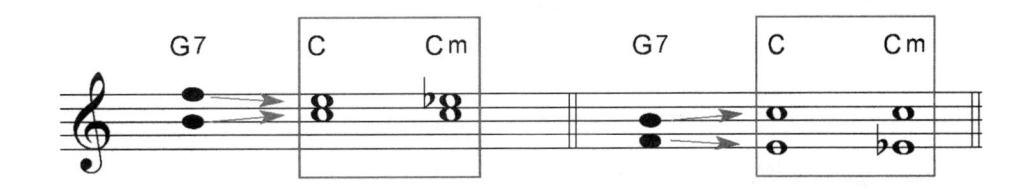

É possível, melodicamente, pensar da mesma forma: conduzimos o ♭7 do acorde de dominante para o 3 do acorde de resolução (em caso de acorde menor conduzimos para ♭3); da mesma forma, o 3 do acorde de dominante é conduzido para o primeiro grau do acorde de resolução:

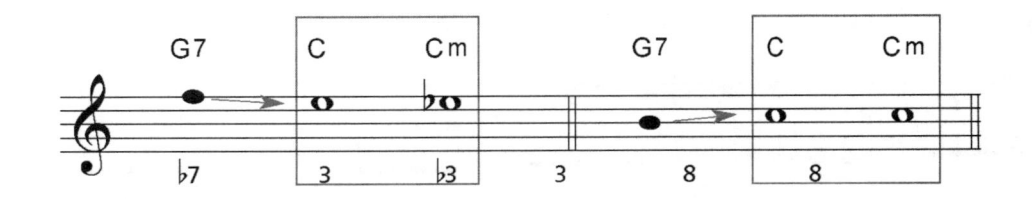

Os próximos ciclos melódicos são baseados nesses critérios.

---

[4] Veja, para esse conceito, o Volume 2.

Ciclo melódico nº 10 (3-5-1-↓♭7 ➔ 3-5-8-♭7). O sétimo grau de cada acorde resolve no terceiro grau do acorde sucessivo.

Exercício nº 59. Ciclo nº 10 na modalidade acordes de dominante. 🔊 36

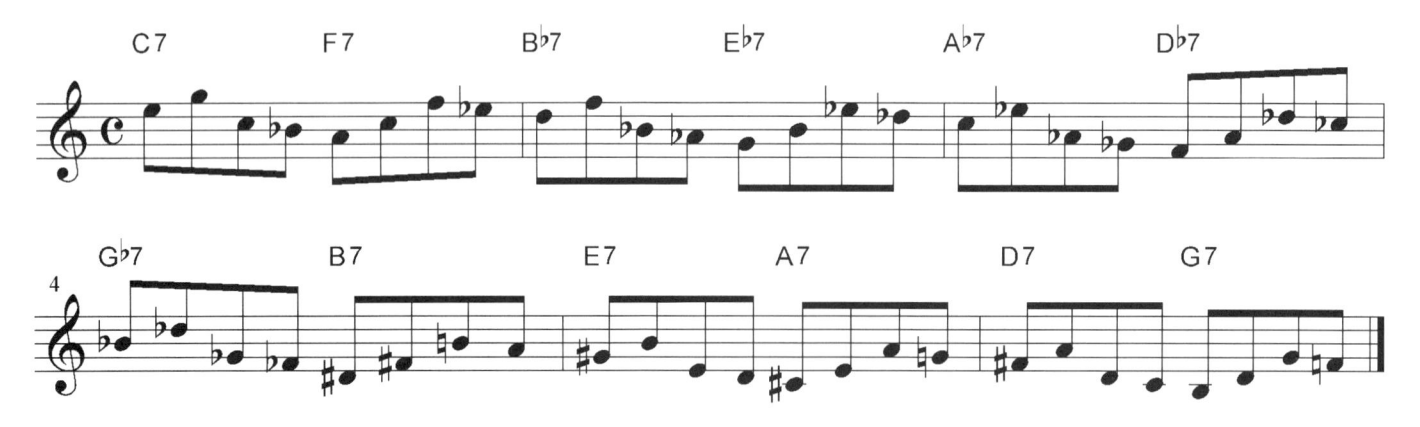

Exercício nº 60. Outra posição do ciclo nº 10 na modalidade acordes de dominante. 🔊 45

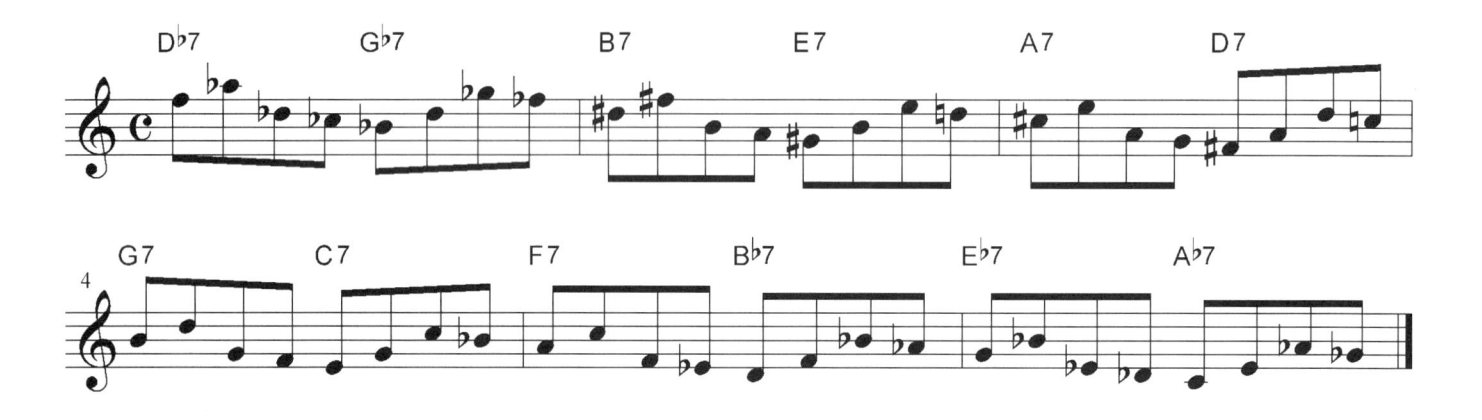

Exercício nº 61. Ciclo nº 10 na modalidade IIm7-V7 (♭3-5-1-♭7 ➔ 3-5-1-♭7). 🔊 38

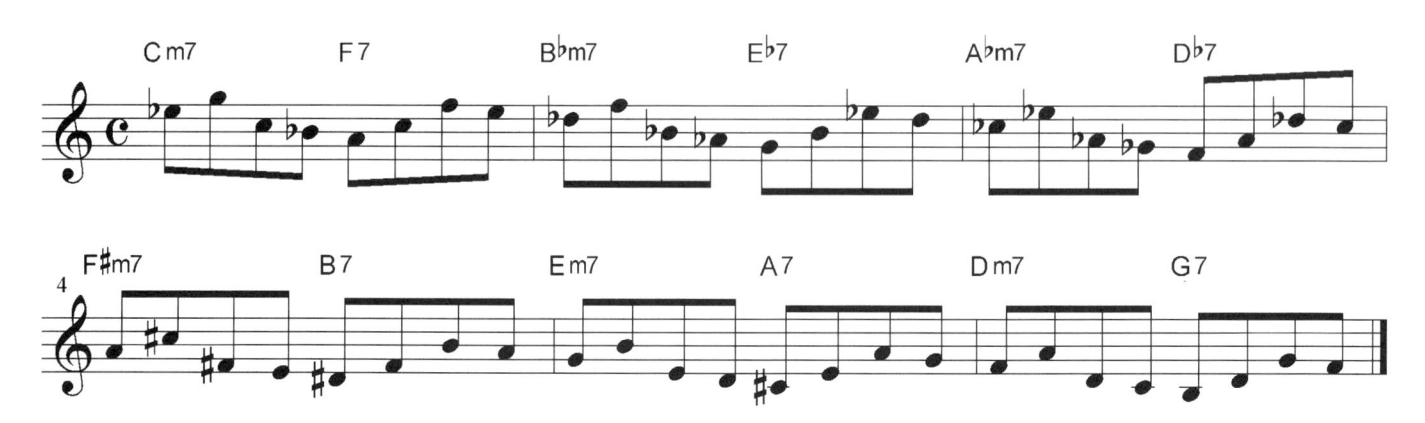

Capítulo 6 - Ciclos melódicos

Exercício n° 62. Outra posição do ciclo n° 10 na modalidade IIm7-V7. 🔊 46

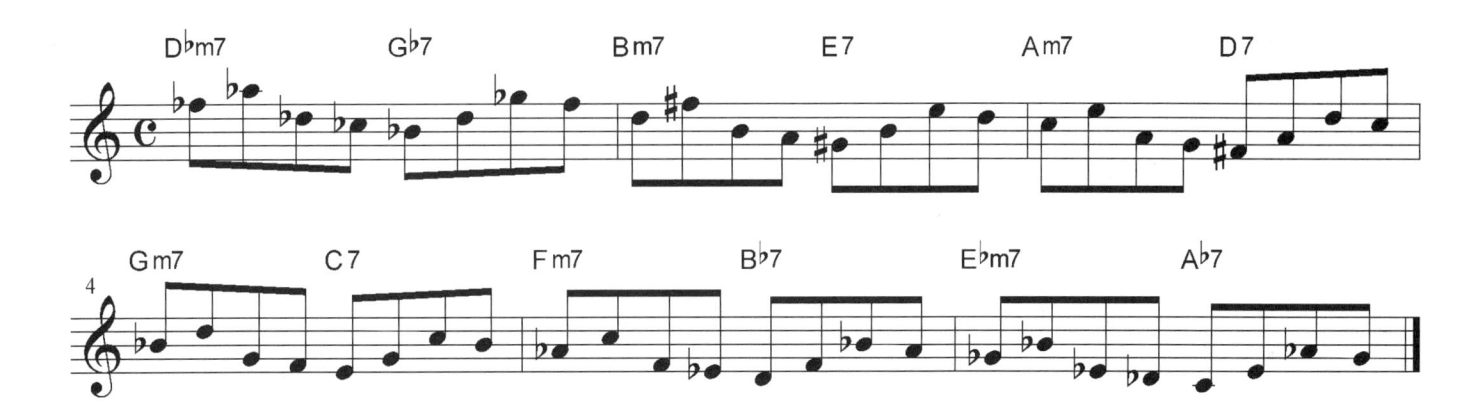

Ciclo melódico n° 11: (3-5-8-♭7 → 3-2-1-↓♭7)
Exercício n° 63. Ciclo n° 11 na modalidade acordes de dominante. 🔊 37

Exercício n° 64. Outra posição do ciclo n° 11 na modalidade acordes de dominante. 🔊 47

Exercício nº 65. Ciclo nº 11 na modalidade IIm7-V7: (♭3-5-8-♭7 → 3-2-1-♭7). 🔊 39

Exercício nº 66. Outra posição do ciclo nº 11 na modalidade IIm7-V7. 🔊 48

Para o improvisador é útil aprender a "sentir" as resoluções melódicas. Considere que, em termos melódicos, temos mais liberdade do que na condução harmônica das resoluções. Todavia, treinar a resolução melódica ajuda a desenvolver a capacidade de evidenciar a passagem de um acorde para outro. Uma consideração sobre o estudo dos exercícios aqui apresentados: não fique preso à leitura; desenvolva a consciência do que está tocando.

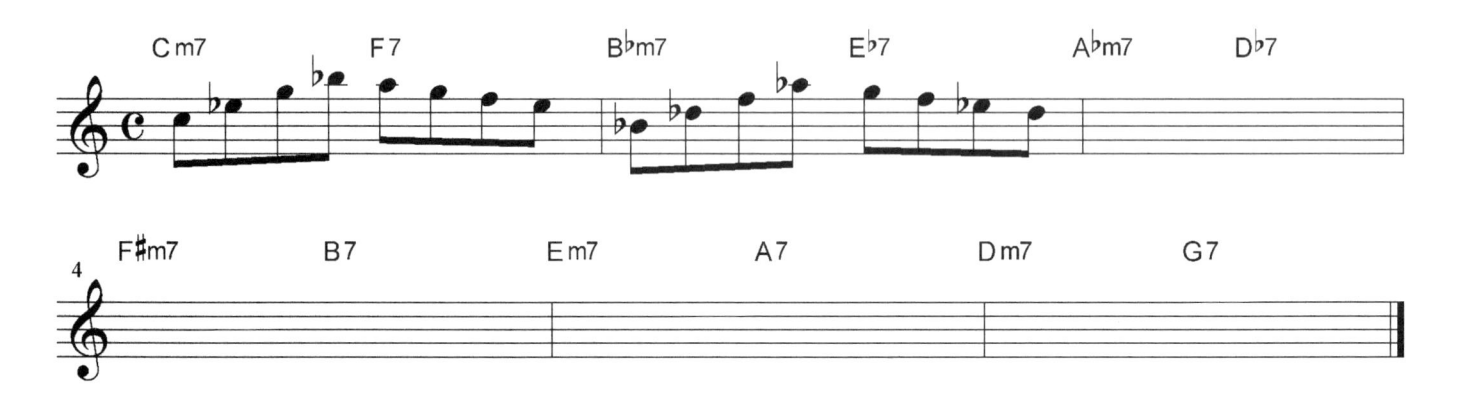

Ciclo melódico nº 12: (1-♭3-5-♭7 → 3-2-1-↓♭7)
Exercício nº 67. Ciclo melódico nº 12 na modalidade IIm7-V7; continue a seqüência. 🔊 38

Capítulo 6 - Ciclos melódicos

Exercício nº 68. Escreva a outra posição do ciclo melódico nº 12 na modalidade IIm7-V7. 🔊 39

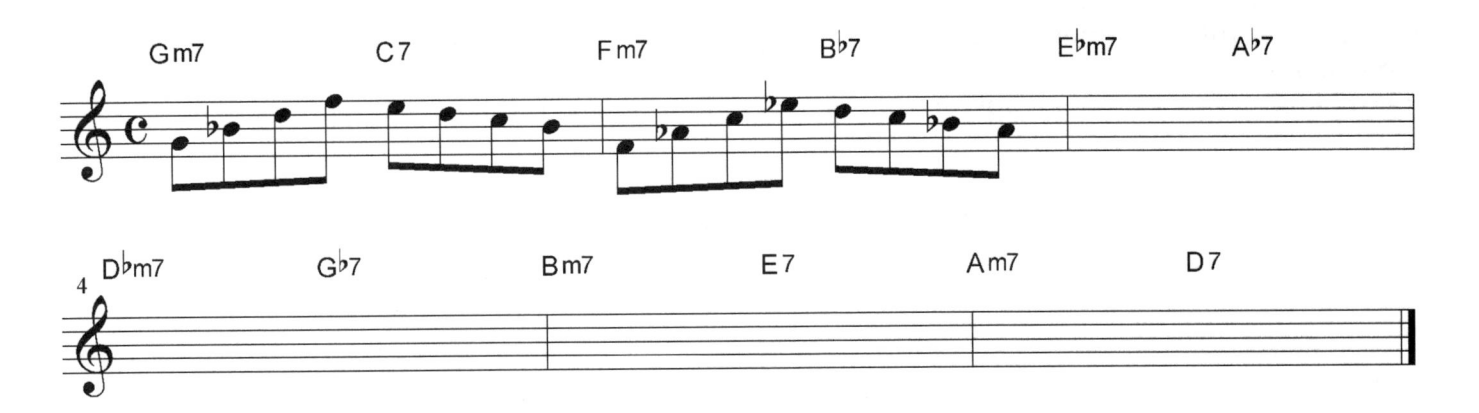

Os exercícios 67 e 68 podem ser transformados em um movimento de acordes de tipo IIm7-V7-I. Neste caso, a ♭7 do acorde de dominante pode ser resolvida como apresentado no próximo exemplo.

Exemplo 74

O aluno que já possui um conhecimento do clichê harmônico IIm7-V7-I pode constatar que é fácil estender as frases dos ciclos na modalidade IIm7-V7 para tal clichê. A cadência IIm7-V7-I será tratada no Volume 2.

Ciclo melódico nº 13
Exercício nº 69. Ciclo baseado em tercinas. 🔊 44

3. "CHORINHO PARA HERMETO": UMA ANÁLISE MELÓDICA

Apresento um trecho musical em homenagem a Hermeto Pascoal; trata-se de uma composição melódica baseada na estrutura harmônica da música "Chorinho para ele" (Hermeto Pascoal), parafraseando o tema original. Além de servir como exemplo de composição melódica, a análise da melodia oferece a oportunidade para constatar a aplicação de alguns conceitos apresentados neste livro.

Exemplo 75   🔊 51

Chorinho para Hermeto

Turi Collura

Análise melódica:
- Compassos 1-2: célula melódica 1-2-3-5 e 8-5-3-5 sobre os acordes por quintas descendentes (veja o ciclo n° 1).
- Compasso 3: célula melódica 1-2-3-5.
- Compasso 4: término da primeira frase e início da parte A da música, que começa no compasso 5.
- Compassos 5-8: note o membro de frase descendente do compasso 5 que acha o próprio conseqüente melódico no compasso 6; esses dois compassos constituem um antecedente melódico cuja resposta se acha nos compassos 7-8. Os movimentos ascendentes e descendentes dos compassos 5-8 se equilibram.
- Compassos 10-11: frase IIm7-V7 pode ser transformada para realizar um estudo cíclico. Olhe o exemplo 76.
- Compasso 13: começa uma nova idéia melódica; antecedente melódico (baseado em uma escala *be-bop*) no compasso 13 e conseqüentemente no compasso 14 (para as escalas *be-bop* veja o Volume 2).
- Compassos 15-20: desenvolvem e completam a idéia melódica começada no compasso 13.

Capítulo 6 - Ciclos melódicos

Exemplo 76 Ciclo melódico derivado dos compassos 10 e 11 da música "Chorinho para Hermeto":

Outra célula melódica pode ser desfrutada para a construção de um ciclo melódico. A frase é baseada em seqüências de IIm7-V7-I[5] derivadas pelos compassos 13-14 da composição.

Exemplo 77 Ciclo melódico IIm7-V7-I7M:

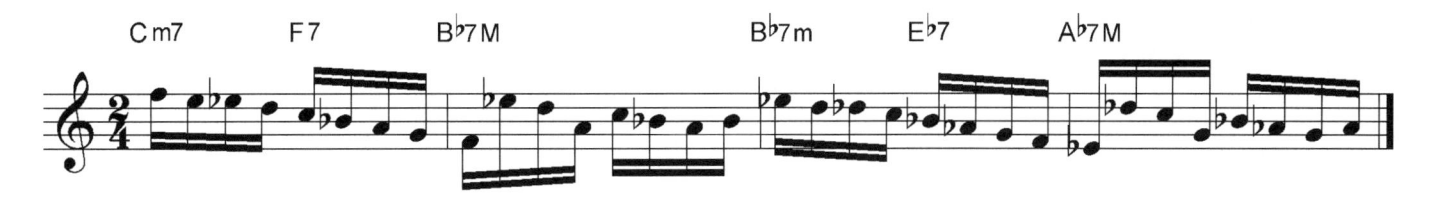

O aluno que quiser analisar a composição original de Hermeto Pascoal pode notar que o compasso 17 contém uma célula melódica que pode ser transformada em um ciclo:

Exemplo 78 Ciclo melódico IIm7-V7:

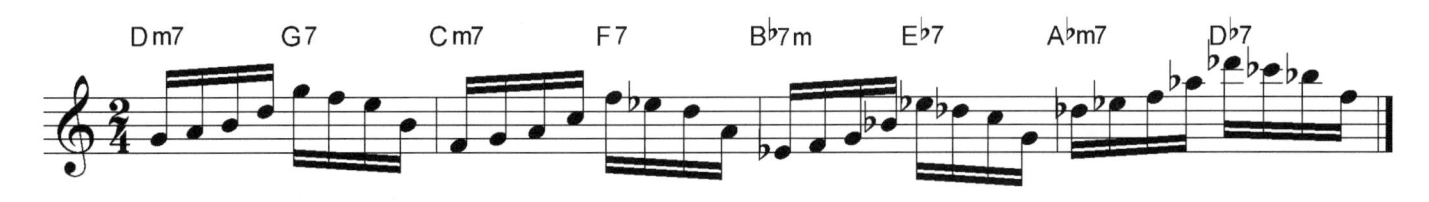

A frase pode ser transformada, ainda, em um ciclo IIm7-V7-I7M:

Exemplo 79 Ciclo melódico IIm7-V7-I7M:

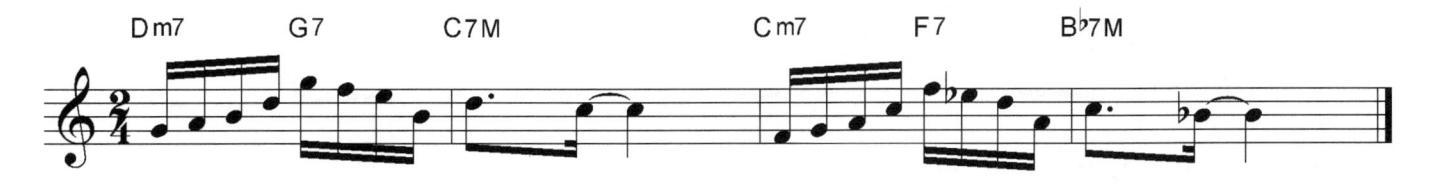

---

[5] IIm7-V7-I7M e escalas relativas são assuntos tratados no Volume 2.

4. TENSÕES DE 9ª NO ACORDE DE DOMINANTE E SUAS RESOLUÇÕES

As tensões de 9ª podem ser conduzidas segundo os seguintes movimentos:

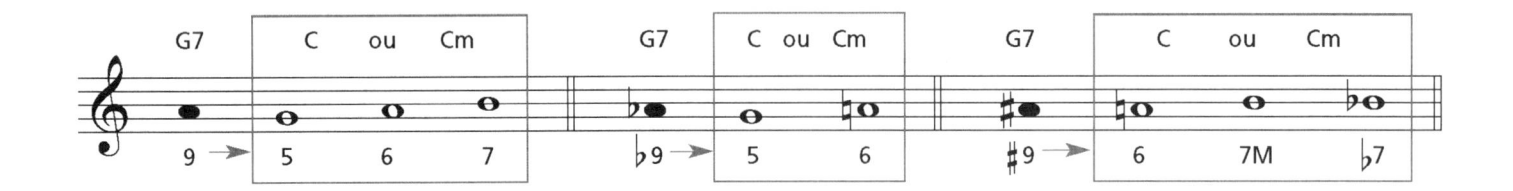

O Ciclo melódico seguinte mostra a resolução da ♭9 para o 5º grau do acorde sucessivo.
Ciclo melódico nº 14 na modalidade IIm7-V7: **(5-♭3-1-↓♭7 → 3-5-♭7-♭9)**.

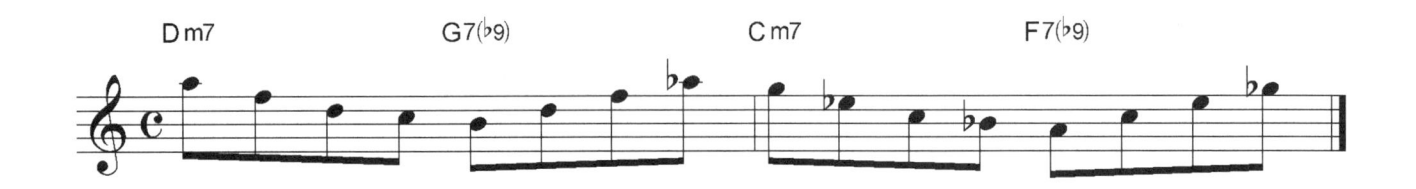

Exercício nº 70. Desenvolva o ciclo melódico nº 14 e a sua transposição a partir de E♭m7.

Ciclo melódico nº 15: (5-♭3-1-↓♭7 → 3-5-♭7-9). Exemplo de resolução de 9ª maior.
Exercício nº 71. Ciclo melódico nº 15 na modalidade IIm7-V7. 🔊 49

Capítulo 6 - Ciclos melódicos

Exercício nº 72. Outra posição do Ciclo melódico nº 15. 🔊 43

Ciclo melódico nº 16: (3-♭9-8-♭7 → 3-↓♭9-1-↓♭7)
Exercício nº 73. Ciclo melódico nº 16 na modalidade dominante. 🔊 50

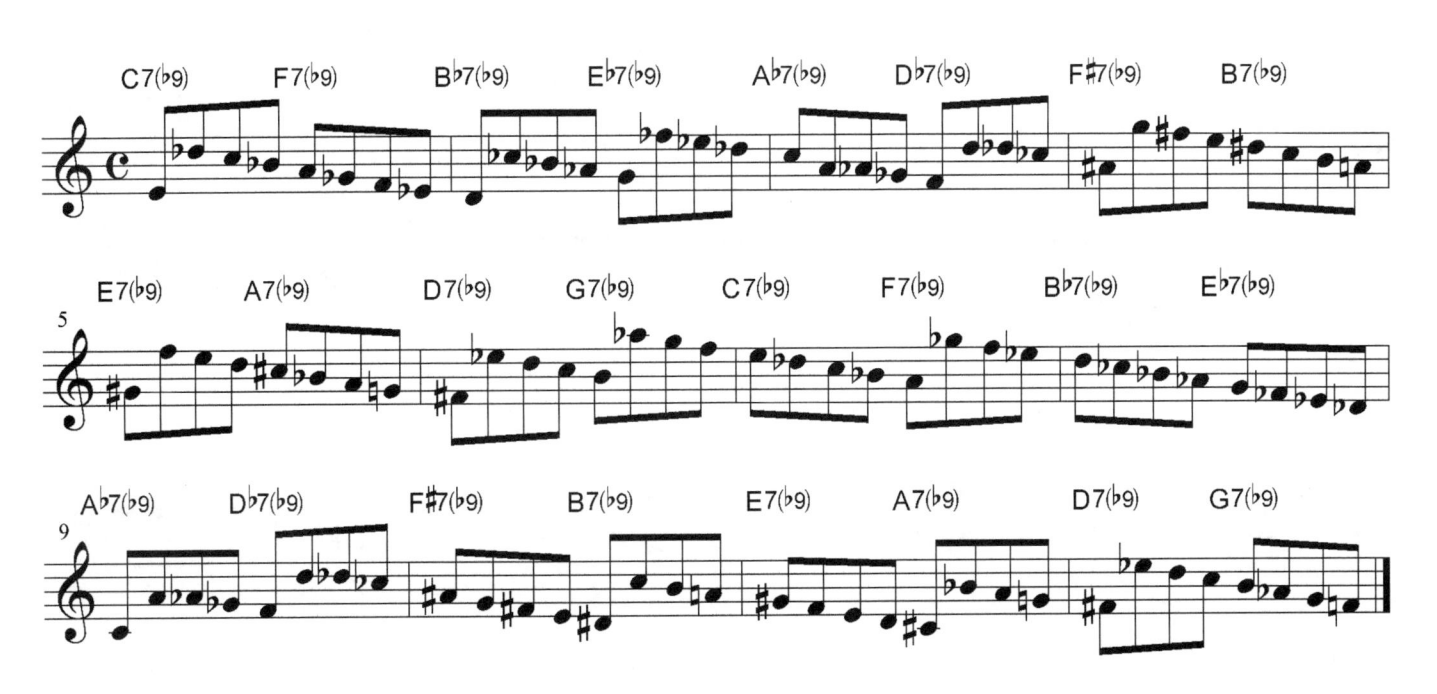

Exercício nº 74. Baseando-se no exercício anterior, transforme a ♭9 em 9ª maior. 🔊 36

Apresento a seguir um trecho da música autoral "Coisas para dizer". Convido o aluno a fazer uma análise melódica. Observe como as tensões melódicas contidas nos acordes de dominante são resolvidas como mostrado precedentemente.

Exemplo 80

COISAS PARA DIZER (trecho melódico)

Turi Collura

🔊 52

A improvisação é um bom exercício para estimular você e a sua mente até seus próprios limites.
Quando depois se retorna a um material mais tradicional, é possível injetar ali coisas que o enriquecem.

Paul Bley

Capítulo 6 - Ciclos melódicos

5. OUTRAS TENSÕES NO ACORDE DE DOMINANTE E SUAS RESOLUÇÕES

Além da alteração da 9ª, o acorde de dominante pode conter outras alterações. Elas podem ser conduzidas melodicamente como sugerido abaixo. Em seguida, são apresentados alguns ciclos melódicos que contêm essas alterações e suas propostas de condução melódica.

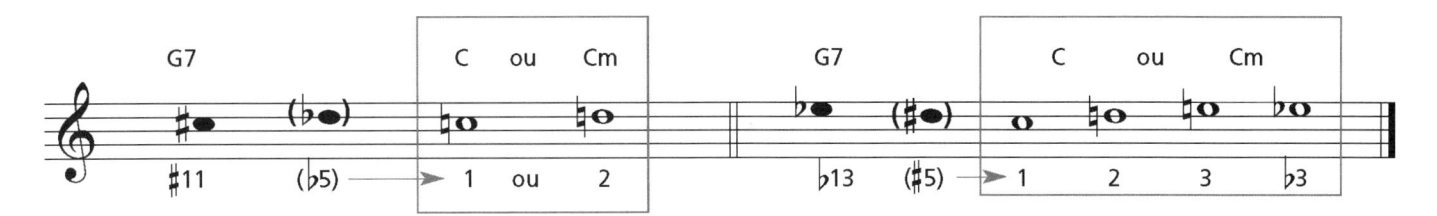

Ciclo melódico nº 17: (1-3-5-♭5 → 8-3-5-♭5)
Exercício nº 75. Ciclo melódico nº 17 na modalidade dominante. 🔊 36

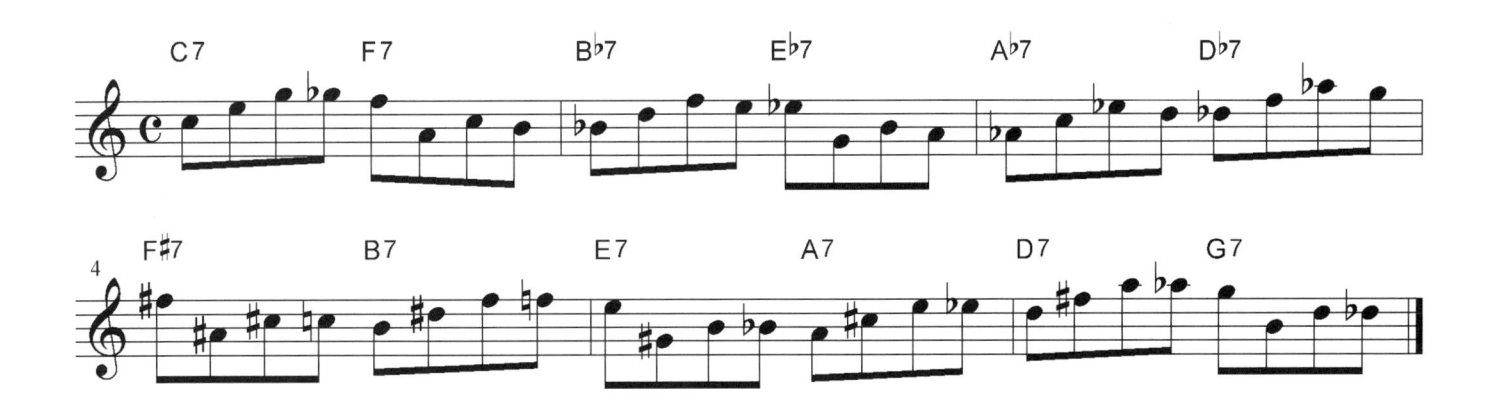

Ciclo melódico nº 18: (3-5-♭7-♯5)
Exercício nº 76. Ciclo melódico nº 18 na modalidade dominante. 🔊 36

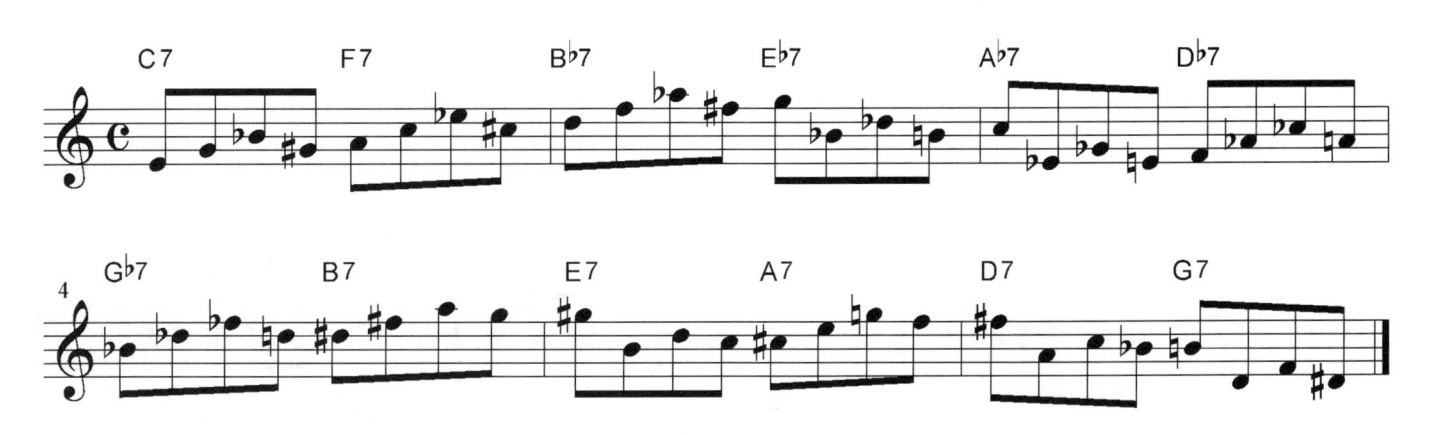

Ciclo melódico n°19: (8- ♭7-↓♭13-3 → 2-1-↓7-1)

Exercício n° 77. Ciclo melódico n° 19: um acorde de dominante com ♭13 resolve no acorde sucessivo (menor ou maior).

Exercício n° 78. Escreva a outra posição do ciclo melódico anterior a partir de C7(♭13).

Ciclo melódico n° 20. Resolução V7-I7M.
Exercício n° 79. Ciclo melódico n° 20 em todos os tons. 🔊) 53

6. NOTAS DE TENSÃO E RESOLUÇÃO DENTRO E FORA DA PULSAÇÃO RÍTMICA

Quando, em uma frase, as notas "T" estão fora da pulsação rítmica (ou seja, no contratempo ou tempo fraco) e as notas "R" estão na pulsação (ou tempo forte), tal frase respeita mais a sonoridade do acorde e, conseqüentemente, soa mais suave, consoante. Veja o exemplo seguinte:

Exemplo 81

Quando, ao contrário, em uma frase há presença maior de notas "T" no tempo forte, tal frase parece fugir à sonoridade do acorde e, com isso, produz um resultado menos ameno. Veja o exemplo:

Exemplo 82

7. CONCEPÇÕES RÍTMICAS DA TRADIÇÃO EUROPÉIA E DA TRADIÇÃO AFRICANA

Na cultura musical européia desenvolveu-se amplamente o aspecto harmônico. Na cultura africana, ao contrário, desenvolveu-se mais intensamente o aspecto rítmico. No que se refere aos acentos, a principal diferença entre as duas tradições é a seguinte:

A música de tradição européia coloca os acentos no 1° tempo e no 3° tempo, enquanto a música de tradição africana coloca os acentos no 2° tempo e no 4° tempo.
A música popular brasileira, assim como o jazz, herdou várias características rítmicas africanas, entre as quais, a pronúncia dos acentos. No que se refere à música popular brasileira, basta pensar no surdo que marca o 2° tempo do samba (um - **DOIS** - um - **DOIS**). Aplicadas às colcheias, as características se traduzem assim:

Em outras palavras, a cultura musical de origem africana marca o contratempo.

8. VARIAÇÕES DE ACENTOS E FIGURAS RÍTMICAS

Estude as escalas e os exercícios apresentados neste livro nas formas indicadas abaixo. Use um metrônomo. Escolha uma velocidade média e aumente-a aos poucos. Anote, a cada dia, a velocidade ao lado do exercício praticado.

1. Primeiramente, pronuncie os acentos do compasso desta forma:

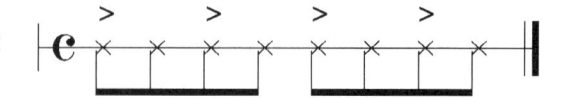

Exemplo 83 Execução do ciclo nº 10 com aplicação dos acentos.

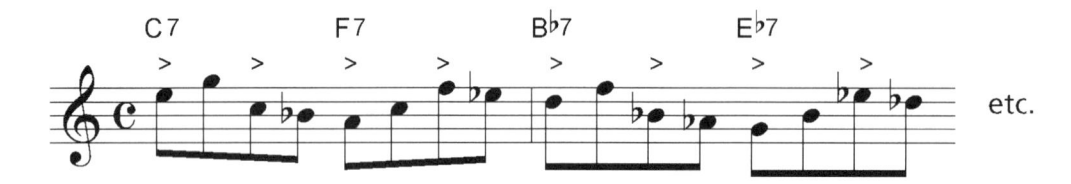

2. Depois, marque os acentos do compasso assim:

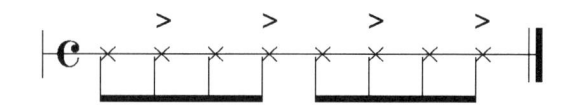

Exemplo 84 Execução do ciclo nº 10 com aplicação dos acentos.

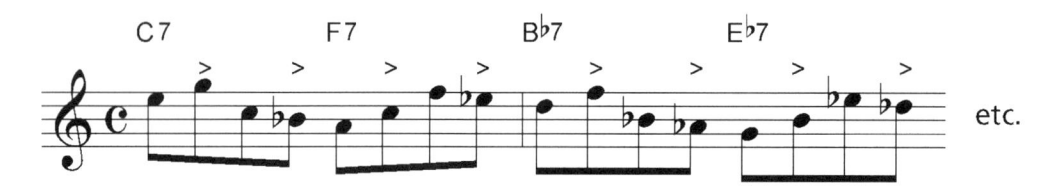

A última modalidade de execução dos acentos é muito importante. Sugiro praticar bastante os exercícios, acentuando-os como apresentado no ponto 2, até ficar natural.

APLICAÇÃO DE PADRÕES RÍTMICOS BRASILEIROS AOS ESTUDOS
Cada estilo musical é caracterizado por determinadas acentuações que marcam o ritmo. Evidenciar esses acentos, aplicando-os ao estudo, permite adquirir habilidades úteis à improvisação.

Exemplo 85

Baião

Samba e Choro

Capítulo 6 - Ciclos melódicos

Exemplo 86 Execução do ciclo nº 10 com aplicação dos acentos:

Os acentos rítmicos se transformam nos acentos das frases. Esse tipo de exercício ajuda a desenvolver o domínio sobre o deslocamento dos acentos. Em seguida, estão indicadas algumas figuras rítmicas úteis para o estudo.

Figuras rítmicas com "sotaque" brasileiro

As figuras rítmicas apresentadas em seguida se referem às principais síncopes e acentuações da música brasileira. Algumas figuras representam, especificamente, um determinado ritmo; outras podem se adaptar a mais situações:

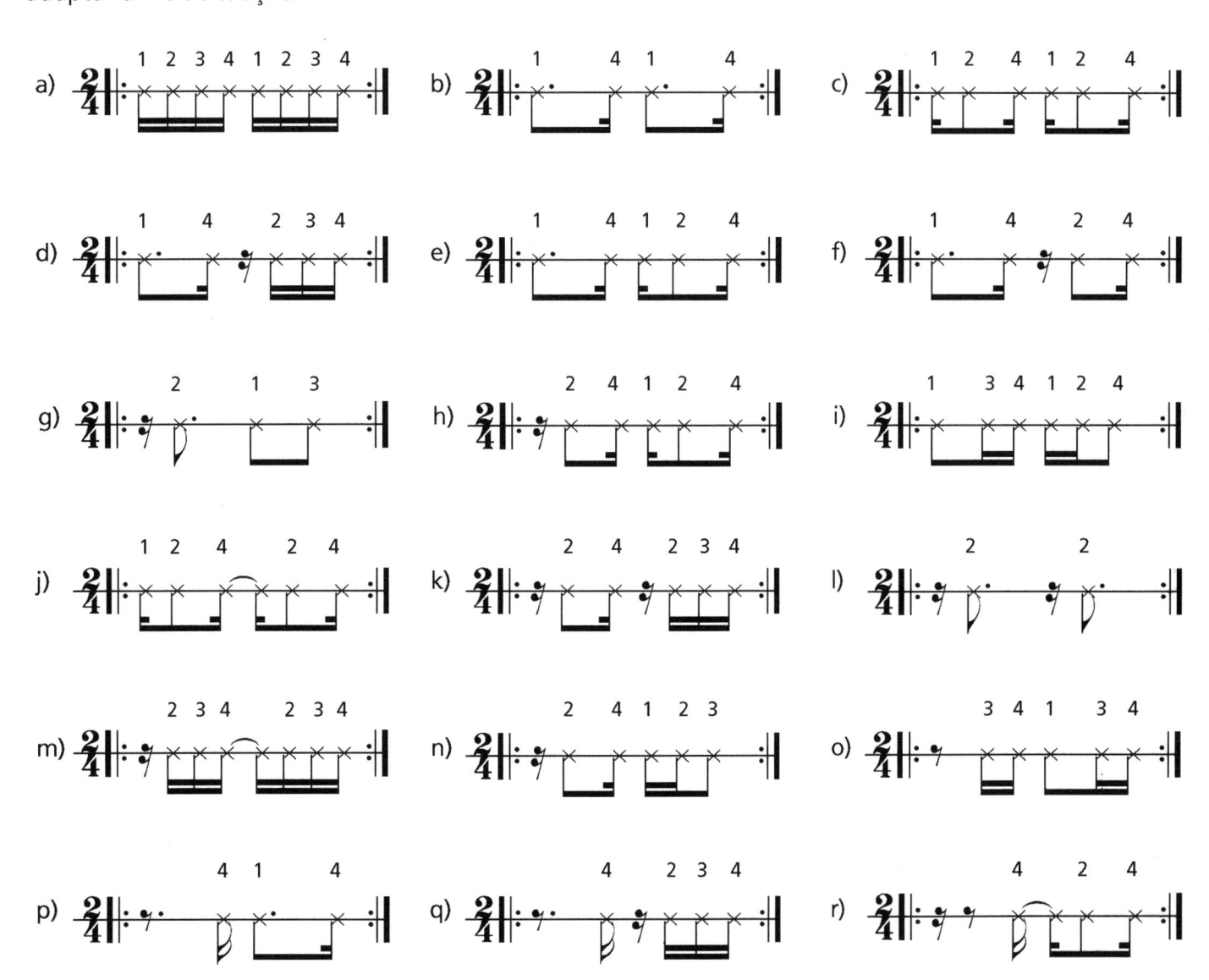

Sugestões para aplicar as figuras rítmicas aos estudos

As figuras rítmicas apresentadas podem ser usadas de duas formas diferentes:

1. Ao estudar os exercícios é possível aplicar as figuras rítmicas em termos de acentos, como apresentado nos exemplos 83, 84 e 86. Lá, foram aplicados diferentes acentos à mesma frase. Sugere-se, por exemplo, começar a aplicação rítmica a partir da prática das escalas e, em seguida, aplicar os acentos aos exercícios apresentados neste capítulo.

2. Na construção de frases em um solo é possível se basear nas figuras rítmicas para gerar células rítmico-melódicas.
O próximo exemplo mostra mais algumas aplicações de ritmos em uma mesma frase.

Exemplo 87 Exemplo de aplicações rítmicas aos ciclos melódicos.

A criatividade é o encontro do ser humano intensamente consciente com o seu mundo.

Rollo May

7 O BLUES E SUAS FORMAS PRINCIPAIS

1. INTRODUÇÃO

O blues é a raiz principal da música negra norte-americana e também um elemento que influenciou quase toda a música pop, o rock e o jazz, no século XX. Por ter uma sonoridade muito característica e uma estrutura de fácil entendimento, o blues representa, às vezes, uma interessante abordagem à improvisação. Nascido em meados do século XIX, no sul dos EUA, o blues é caracterizado por algumas formas convencionais, a maioria improvisadas ou semi-improvisadas, baseadas na repetição de modelos rítmico-melódicos. Esse gênero musical começa a ter grande popularidade a partir das primeiras décadas do século XX. Nesse período, fixou-se a forma harmônica mais usada até hoje: a forma de 12 compassos. Na década de 1950, as características principais do blues são a base do *rhythm and blues* (nada mais do que um blues mais rápido marcado em 12/8) e, sucessivamente, do *rock and roll*.

A forma mais comum do blues tradicional, que podemos ouvir pelas mãos de "bluesmen" como John Mayall, John Lee Hooker, entre outros, é composta por 12 compassos. Ainda que existam blues de 8 ou 16 compassos, a estrutura harmônica de 12 representa a forma do blues por excelência até nos nossos dias.

A estrutura base de 12 compassos:

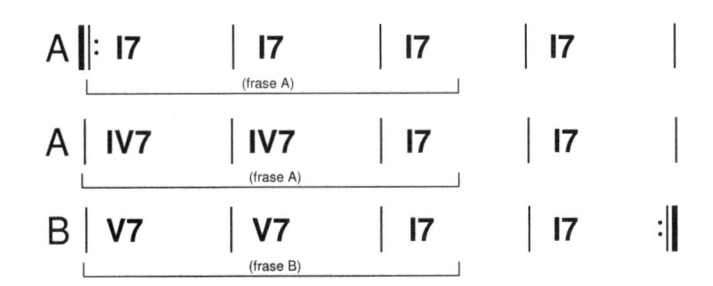

```
A ‖: I7    | I7    | I7  | I7  |
      (frase A)
A |  IV7  | IV7   | I7  | I7  |
      (frase A)
B |  V7   | V7    | I7  | I7  :‖
      (frase B)
```

Trata-se de uma estrutura cíclica. Originalmente, o blues era um gênero cantado. Uma primeira frase (A) era entoada nos primeiros dois compassos e meio e em seguida reapresentada a partir do compasso 4. Uma nova frase (B) é entoada a partir do compasso 9, para concluir o que fora exposto na frase (A). Como se pode notar, é possível dividir os 12 compassos em três seções (A)(A)(B).

A estrutura harmônica de base ganha facilmente alguns novos acordes, transformando-se na estrutura apresentada ao lado. No segundo compasso é colocado um IV7; o compasso 10 ganha um IV7, enquanto no último compasso é colocado um acorde V7, para criar um movimento cadencial ao voltar para o começo.

```
A ‖: I7    | IV7   | I7  | I7  |
      (frase A)
A |  IV7  | IV7   | I7  | I7  |
      (frase A)
B |  V7   | IV7   | I7  | V7  :‖
      (frase B)
```

O blues original é composto por três acordes: **I7-IV7-V7**. Pode-se notar que os três são acordes de dominante; essa não é uma característica da música ocidental, pois vem da cultura africana. A cultura africana trouxe, também, as chamadas *blue notes*, em português "notas blues". Estas são o resultado do jeito do africano entoar algumas notas do acorde. Por exemplo, para alcançar o terceiro grau da escala, ele começa abaixo, por volta do ♭3 e, gradativamente, chega até o 3.

Trata-se de um atraso, ou indefinição, na entoação do terceiro grau:

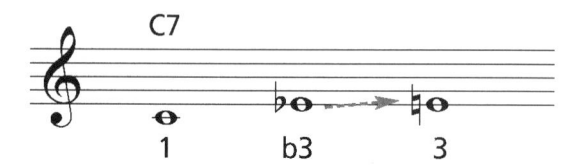

No blues tradicional não existe o conceito de maior ou menor. O blues é caracterizado pelos acordes de dominante e pela sonoridade indefinida do terceiro grau em suas melodias.

O músico de cultura africana não somente atrasa a entoação da nota "certa", ou a deixa propositalmente indefinida, como também brinca livremente com sua colocação rítmica. As notas blues são hoje ♭3, ♭5 e ♭7. Em seu livro sobre o jazz e suas origens, Gunther Schuller ressalta que as notas blues não nasceram todas num mesmo momento. A nota ♭5 foi uma aquisição posterior. A área que vai de ♭7 a 8 é a mais indefinida na sua entoação. Com referência às unidades anteriores, em termos tonais, podemos considerar as notas blues como notas de aproximação às notas do acorde:

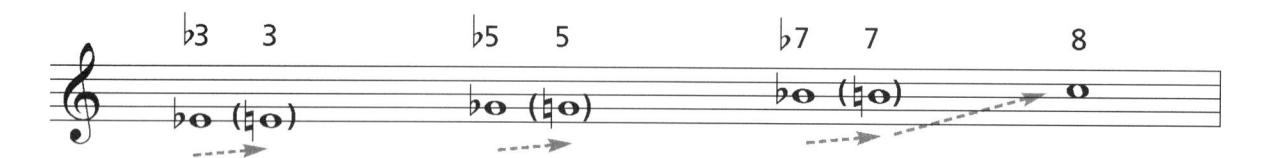

2. ESCALAS TÍPICAS DA LINGUAGEM BLUES E PADRÕES

- A ESCALA PENTATÔNICA MENOR:[1] chamada também de penta-menor, é a escala mais simples aplicada ao blues. Oferece uma sonoridade bem característica. Uma só escala (a penta-menor construída sobre o acorde I7) pode ser aplicada livremente à inteira estrutura harmônica do blues, isto é, sobre todos os acordes da estrutura. Veja o exemplo:

Exemplo 88

Essa escala pode servir de grande efeito em passagens rápidas. Por outro lado, a sonoridade é um pouco limitada.

---

[1] Para uma exposição detalhada das escalas pentatônicas e seu uso, veja o Volume 2.

Capítulo 7 - O blues e suas formas principais

- **A ESCALA BLUES MENOR:** é composta pela escala pentatônica menor com o acréscimo da ♯4 (ou ♭5):

De forma parecida com o exemplo anterior, a escala blues menor, construída sobre o acorde de tônica (I7), se aplica à inteira estrutura do blues.

- **PADRÕES BASEADOS NAS ESCALAS PENTA-MENOR E BLUES MENOR**
Como vimos no capítulo 5, o padrão é uma frase típica, pré-moldada, que se aplica a vários contextos. Vimos, também, que qualquer gênero musical possui a própria bagagem de frases típicas. Usando as duas escalas apresentadas acima é possível ter acesso a inúmeros padrões que fazem parte do repertório blues. Veja, em seguida, alguns exemplos de frases típicas (todos os exemplos em C):

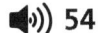

🔊 54

Padrões estáticos

Classifico como padrão estático aquele que permanece inalterado durante a progressão dos acordes (veja o exemplo 89 adiante). Da mesma forma que as escalas penta-menor e blues menor, os padrões apresentados acima, que são baseados nessas duas escalas, são aplicáveis a todos os acordes da estrutura do blues. Observe que essa é outra herança africana: a sobreposição de dois elementos – um que varia (a harmonia) e outro que não varia (a melodia). O padrão estático permite criar essa sobreposição.

Exemplo 89 Exemplo de padrão estático. Repare como a repetição da frase no segundo acorde gera uma numeração diferente das notas da melodia.

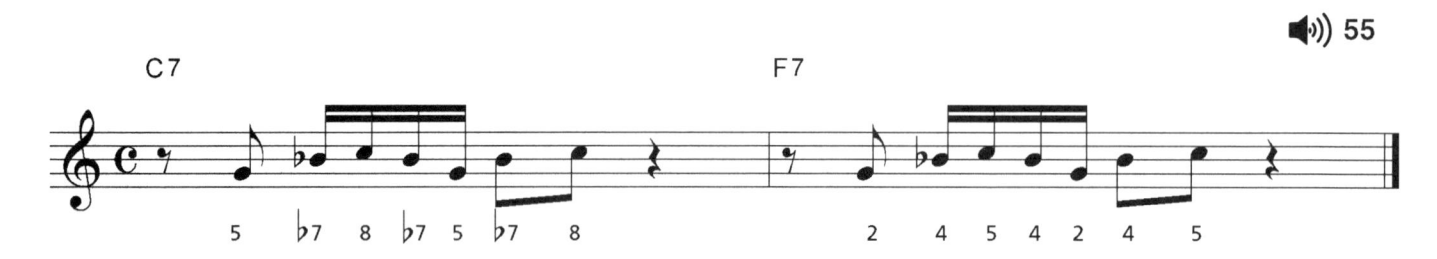

Outra forma de utilização das escalas penta-menor e blues menor

Para enriquecer a melodia, cada acorde pode trazer a própria escala penta-menor ou blues menor:

Padrões dinâmicos

De forma diferente do padrão estático, o padrão dinâmico varia ao mudar dos acordes. O padrão estático do exemplo 89 pode se transformar, acompanhando a mudança do acorde. Portanto, os padrões dinâmicos se baseiam em escalas diferentes. Neste caso, o padrão inicial se transpõe:

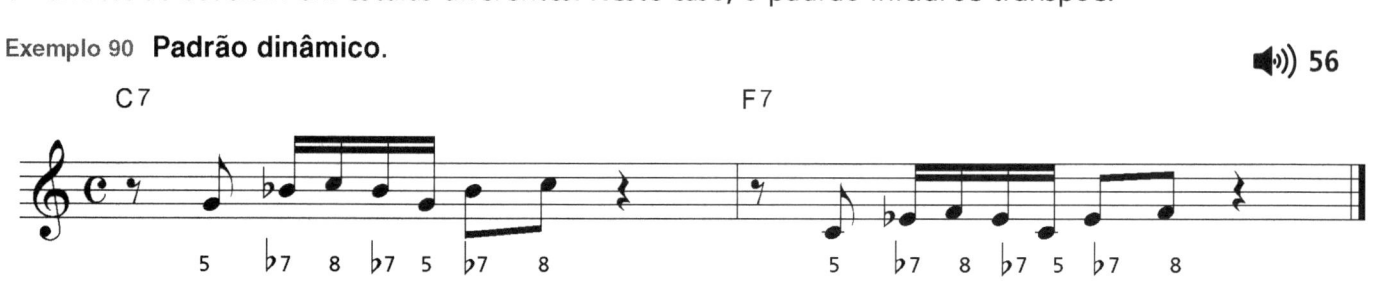

Exemplo 90 **Padrão dinâmico**.

Capítulo 7 - O blues e suas formas principais

- **A escala blues:** contém, ao mesmo tempo, ♭3 e 3.

As duas escalas apresentadas anteriormente (penta-menor e blues menor) constituem parte da escala blues, que apresenta ♭3 e 3 juntas. Repare que a figura anterior mostra que, quando descendente, a escala não inverte a seqüência das duas notas ♭3 e 3: o ♭3 vem sempre na frente do 3.
A ausência do terceiro grau maior nas escalas penta-menor e blues menor facilita a sobreposição estática de melodias e padrões. Neste ponto, ao usar a escala blues, é aconselhável praticar o uso dinâmico de padrões ao variar dos acordes (cada acorde traz a própria escala):

Exemplo 91

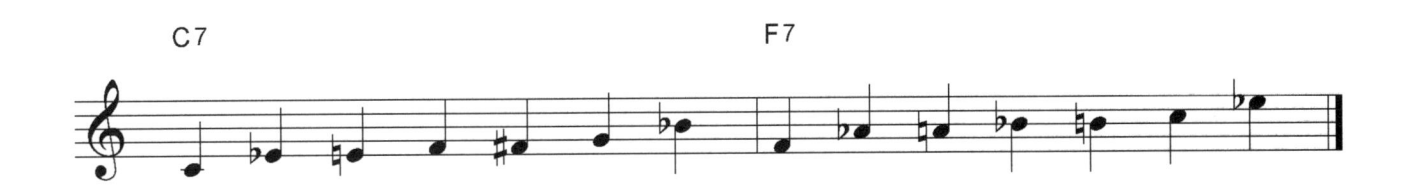

PADRÕES BASEADOS NA ESCALA BLUES COM ♭3 E 3 (todos os exemplos em C): 🔊)) 57

- **A escala blues menor na relativa do acorde:** outra escala blues menor se oferece para enriquecer nossas melodias. Trata-se de uma escala blues menor construída a partir do sexto grau do acorde original (em outros termos, sobre o grau relativo da tonalidade). O exemplo abaixo mostra a numeração referente a C7 usando a escala blues menor de Am.

Exemplo 92

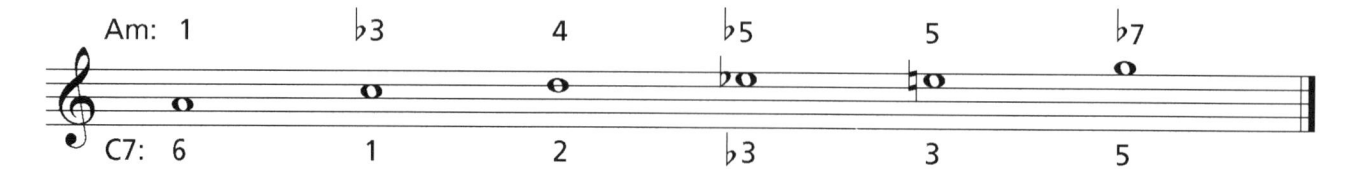

Aplicada sobre C7, a escala acima apresenta, ao mesmo tempo, ♭3 e 3. Uma rápida análise permite observar que a escala apresenta mais duas notas interessantes que até agora não tinham se apresentado: 2 e 6. A sonoridade da escala blues menor é evidente, mas as notas utilizadas são diferentes e, portanto, "as cores" à disposição são outras. Compare as escalas C blues menor e A blues menor: as duas escalas podem ser usadas sobre um acorde de C7, oferecendo sonoridades diferentes.

Exemplo 93

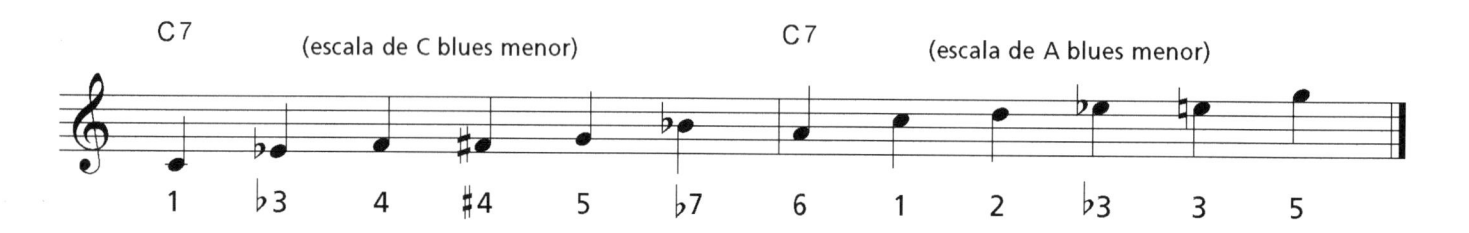

PADRÕES COM 2° E 6° GRAUS (todos os exemplos em C): 🔊 58

- **UMA NOVA ESCALA: A ESCALA BLUES COM 2° E 6° GRAUS**
Misturando a escala blues com ♭3 e 3 e as novas notas apresentadas (2 e 6), obtemos a seguinte escala:

```
1   2   ♭3   3   4   ♯4   5   6   ♭7   7
```

Essa nova escala apresenta todas as notas contidas parcialmente nas demais aqui apresentadas. Talvez essa possa ser considerada a "verdadeira" escala de blues. Trata-se de uma escala quase cromática. O Si natural está presente porque, como dito anteriormente, a área ♭7-7-8 é a menos definida de todas, oferecendo uma dupla aproximação cromática, tanto de forma ascendente quanto descendente.
Outra maneira de observar a escala é a seguinte: imagine a escala maior do sistema tonal; depois disso, insira as notas blues (♭3, ♭5, ♭7) às notas da escala (poderíamos dizer, também, que essas notas são aproximações cromáticas inferiores às notas principais da escala).

De fato foi, principalmente, depois da II Guerra Mundial que o blues começou a se fragmentar, subdividindo-se em tradições acústicas, incursões pelo território do jazz e, logo em seguida, passou a se eletrificar, ramificando-se em diversos estilos.
Existem vários tipos de blues, caracterizados por linguagens melódicas diferentes. Um blues de John Lee Hooker é diferente de um blues de Eric Clapton, que é diferente de um blues *be-bop* de Charlie Parker ou, ainda, de um blues de John Coltrane, de Miles Davis ou de Ornette Coleman.
Entre os artistas brasileiros que praticam o gênero vale citar o lendário Zé da Gaita. Tributos ao gênero vêm de várias partes. Chico Buarque, por exemplo, escreveu duas músicas cujos títulos são "Bancarrota blues" e "O último blues". Nestes casos não se trata de verdadeiros blues, mas de músicas com evidentes referências ao gênero.
Apesar das suas diferentes manifestações, existem características típicas do blues que se concretizam: 1. na estrutura harmônica (principalmente de doze compassos); 2. na sonoridade blues e no repertório das frases.

IMPROVISAR NO BLUES
O contato com esse gênero fornece a idéia das frases típicas, algumas das quais foram apresentadas em termos de padrões. Sugestões para a improvisação:

- Uma das características do blues é a repetição de células rítmico-melódicas. Escolha, então, uma célula (pode começar pelos padrões aqui apresentados) e aplique-a à estrutura de 12 compassos, de forma estática e dinâmica.

- Pratique variações rítmicas da célula original.

- Mantenha a idéia rítmica e varie a altura das notas.

- Sobreponha as escalas aos relativos acordes segundo os critérios aqui expostos. Desta forma, você não estará se baseando nos acordes para improvisar, mas estará usando as escalas típicas apresentadas, sobrepondo frases e linhas melódicas. Isso significa pensar linearmente, horizontalmente. O conceito e as técnicas de improvisação horizontal serão tratados de forma aprofundada no Volume 2.

- Enfim, divirta-se usando sua criatividade e imaginação. Como diria um *bluesman*, *Play the blues, man!*, ou seja, *Toque o blues, cara!*

3. O BLUES NO ESTILO *BE-BOP*

Os músicos de jazz enriqueceram a harmonia do blues de várias formas, conforme as características de cada período, mas mantiveram, de forma geral, a estrutura de 12 compassos. Criaram a diferenciação entre blues maior e blues menor.
A forma mais comum de blues jazzístico é a do blues *be-bop*, já que foi elaborada pelos músicos *be-bop* da década de 1940. Essa estrutura cria movimentos cadenciais nos compassos 4, 8, 9-10 e um *turnaround* final (para os conceitos de movimentos cadenciais e de *turnaround*, veja o Volume 2).

Exemplo 94 Exemplo de blues *be-bop*.

```
||: I7      | IV7     | I7         | Vm7   I7 |
 | IV7     | IV7     | I7         | VI7        |
 | IIm7    | V7      | I7   VI7   | IIm7  V7 :||
```

Exemplo 95 Uma variação comum do blues *be-bop*.

```
||: IV     | IV7     | I7         | Vm7   I7 |
 | IV7     | IV7     | IIIm7      | VI7        |
 | IIm7    | V7      | I7   bIII7 | IIm7  V7 :||
```

A estrutura do blues *be-bop* é um padrão que todo o músico deveria conhecer. Além de tudo, essa estrutura é a base de muitas *jam sessions*.[2]

Exemplo 96 Improviso *be-bop*. 🔊 59

[Partitura com compassos 1-4: F7, Bb7, F7, F7]
[Partitura com compassos 5-8: Bb7, B°, F7, D7]
[Partitura com compassos 9-12: Gm7, C7, F7 D7, Gm7 C7]

---

[2] A expressão *jam session* (JAM = "Jazz After Midnight", ou seja "Jazz após a meia-noite") indica, na língua inglesa, uma espécie de roda de improvisações, da qual qualquer músico pode participar, dividindo o mesmo idioma musical.

O BLUES *BE-BOP* NA MODALIDADE MENOR

O blues *be-bop* na modalidade menor possui a mesma estrutura de acordes do blues maior, porém, os acordes sobre o primeiro grau e o quarto grau são menores:

Exemplo 97

```
||: Im7      | IVm7     | Im7       | Vm7(b5) I7 |
 | IVm7      | IVm7     | Im7       | VI7alt      |
 | IIm7(b5)  | V7       | Im7  VI7  | IIm7(b5) V7 :||
```

OUTRA FORMA COMUM DE BLUES NA MODALIDADE MENOR

Outra forma comum, digamos até mais simples, usada repetidamente por John Coltrane, é a seguinte:

Exemplo 98

```
||: Im7      | IVm7     | Im7       | Im7       |
 | IVm7      | IVm7     | Im7       | Im7       |
 | bVI7      | V7       | Im7       | V7        :||
```

Exemplo 99 Blues na modalidade menor: 🔊 60

Blues para John

Turi Collura

REFLEXÕES SOBRE A APRENDIZAGEM E A PRÁTICA DA IMPROVISAÇÃO

ANALISAR SOLOS E IMITAR A LINGUAGEM DE OUTROS MÚSICOS
Analisando melodias e solos, descobrimos clichês típicos de um autor ou de um estilo; descobrimos frases interessantes que podem ser incluídas no nosso repertório.

Com relação aos grandes improvisadores, devemos nos perguntar: como eles criam "histórias musicais" cheias de interesse? Podemos improvisar como eles copiando o que eles tocam? A imitação é um momento importante de qualquer aprendizagem, mas não podemos apenas copiar. É útil escutar, analisar o que o músico fez, entender a idéia, para, em seguida, usá-la de outras maneiras.

Imite. Assimile. Inove (Clark Terry).

ESCUTAR O TIPO DE MÚSICA QUE SE QUER TOCAR
Para o desenvolvimento da linguagem improvisativa é importante escutar, analiticamente, gravações famosas para:

1. Detectar frases interessantes; aprender como funcionam; imitá-las e depois variá-las.
2. Prestar atenção à relação entre os músicos, para ver como um reage ao gesto musical do outro. Os bons músicos interagem: o improvisador cria uma frase e os outros podem responder, seja melodicamente ou ritmicamente. Pode também acontecer o contrário: o músico começa o próprio improviso a partir de um elemento proposto por outro músico num instante anterior. Uma prática importante é a de escutar muito o estilo musical que se pretende tocar, para se absorver "o sotaque" e as frases típicas.

A IMPORTÂNCIA DAS TRANSCRIÇÕES DE SOLOS
Existem, hoje, muitas transcrições de solos dos grandes improvisadores. É importante dedicar algum tempo ao estudo dos solos que mais nos agradam e analisá-los, assim como é importante aprender a escutar os CDs e "pegar" as frases de que mais gostamos.

Vamos fazer mais um paralelo entre a linguagem musical e a linguagem verbal. As duas linguagens são aprendidas por imitação. Pense: uma criança não aprende a falar na escola, mas aprende bem antes de estudar a gramática e o faz imitando. No começo, a criança erra muito, mas, aos poucos, vai refinando a sua fala, que irá desde a reprodução de simples palavras até discursos complexos, em um período que vai de um a cinco ou seis anos de idade. Nas duas linguagens, a musical e a falada, é mais fácil entender e mais difícil produzir (as crianças começam a entender cedo e só depois começam a falar). Agora pense: quando uma criança começa a falar, dificilmente compõe logo um poema; mais provavelmente começa com uma sílaba.

O músico aprende de maneira semelhante. Portanto, não se preocupe se no começo o seu improviso não sai da maneira como você gostaria. É preciso tempo e prática. Lembre-se da coisa mais importante: para aprender uma linguagem é preciso "mergulhar" dentro dela; é importante ouvir muito e repetir. Portanto, se você quiser aprender a tocar em um estilo musical é importante freqüentar esse estilo e imitá-lo.

Muito mais útil do que ler transcrições já feitas é você mesmo transcrever. Transcrever é uma prática difícil, mas muito útil; especialmente no começo é difícil transcrever um solo inteiro. Concentre-se, então, em uma frase; escute a música com atenção e separe uma frase que você acha interessante. Feito isso, transcreva-a e analise-a.

A IMPORTÂNCIA DO TREINAMENTO AUDITIVO
Praticar a percepção auditiva, para desenvolver um bom ouvido musical, é uma prática fundamental para o aluno de música, especialmente para quem quer se dedicar à arte da improvisação. Acredito que existam vários níveis possíveis para o treinamento da percepção auditiva. Ter um bom ouvido musical significa reconhecer a tipologia dos acordes (maiores, menores, diminutos, meio-diminutos, aumentados, dominantes); de suas eventuais extensões ou alterações (9, 11, 13, ♭13 etc.). Pode significar, também, ter a capacidade de reconhecer/entoar a fundamental de cada acorde de uma seqüência dada. Mas, talvez, a coisa mais importante para o improvisador, e que se refere ao aspecto melódico, seja possuir a habilidade de reconhecer a altura de uma determinada nota em relação a um determinado acorde. Logo depois entender os movimentos da melodia (por exemplo, entender que um determinado

movimento melódico é: 6 que vai para o ♯4, que resolve no 5 do acorde etc.). São sugeridas aqui algumas práticas a serem aplicadas em algumas músicas:

1. entoar uma melodia e, então, transportá-la em outro tom;
2. cantar os arpejos dos acordes;
3. entoar as fundamentais dos acordes no baixo;
4. cantar as aproximações às notas dos acordes, como praticado nos capítulos 2 e 4.

ALGUMAS SUGESTÕES PARA TOCAR EM GRUPO

Com base na minha experiência como professor e músico, sugiro alguns pontos para a reflexão sobre a prática de tocar em grupo. Não considere esses pontos como absolutos, nem como obrigatórios. Essas considerações não fazem parte de nenhum manual ou "etiqueta de comportamento musical". Ofereço-as porque me parecem úteis e aplicáveis à maioria das circunstâncias.

- Tente viver o grupo como unidade. Toque com os outros, ouvindo-os; "respirando" junto.

- Dê espaço aos outros músicos e coopere para o sucesso deles. Instrumentos harmônicos podem ajudar o solista a desenvolver suas idéias. Da mesma forma, podem atrapalhá-lo. Evite que isso aconteça.

- Durante a improvisação é interessante começar com poucas notas e, aos poucos, aumentar a densidade de notas. Poderíamos representar graficamente a dinâmica de um solo da seguinte forma:

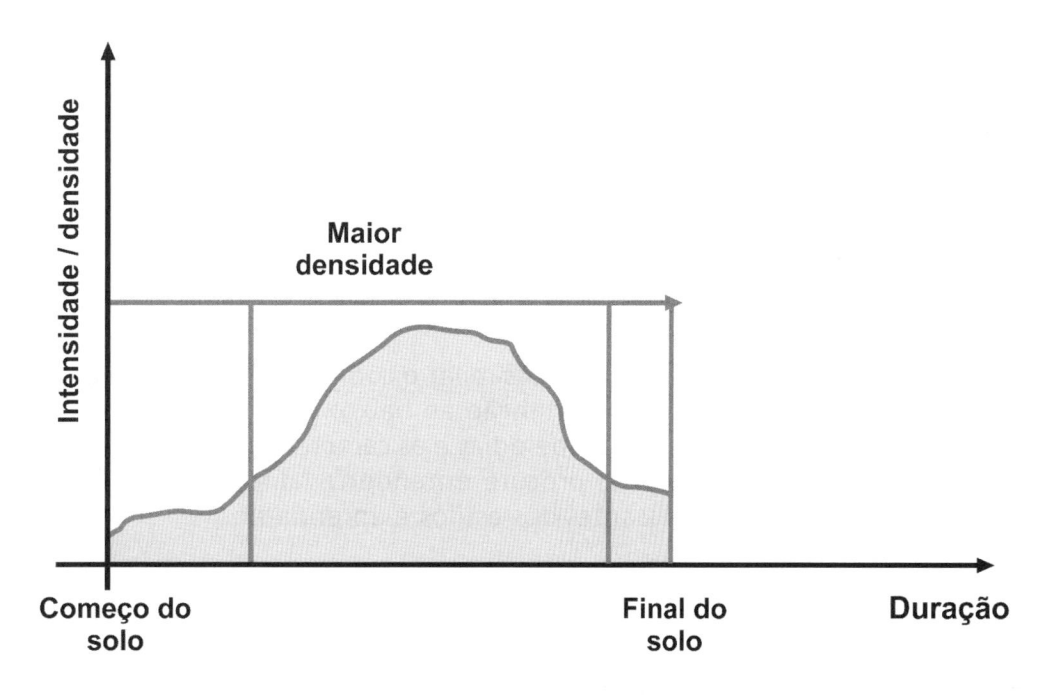

- Procure terminar o seu solo de forma clara, deixando os outros entenderem que o improviso terminou. Uma sugestão para que o final do improviso seja claro é terminar tocando as últimas notas do tema, ou terminar na fundamental do acorde reduzindo o número de notas dos últimos compassos, assim como sua energia.

- Não se preocupe em começar o improviso no primeiro tempo do primeiro compasso da estrutura; experimente deixar a música "respirar". Da mesma forma, não se preocupe em terminar o solo no último tempo do último compasso.

- Sensibilize os outros para que sejam evitadas as incompreensões entre um improviso e outro, gerando aqueles vazios em que todos ficam se olhando sem saber o que fazer e pensando "quem é o culpado disso tudo?". Às vezes, os músicos não conseguem comunicar de forma clara que vão terminar o improviso. Neste caso, não se importe em começar o solo com um ou dois compassos de atraso. Uma coisa interessante é começar pelas últimas notas do solista anterior.

AVALIAÇÃO DE APRENDIZAGEM PARA CONCLUSÃO DO VOLUME 1

O material apresentado neste volume representa um estudo bastante articulado que requer tempo para amadurecimento. O estudo proposto é, de fato, bastante articulado. Avalie se a leitura deste livro estimulou em você algumas mudanças, possibilitando algum tipo de progresso. Reveja os seguintes pontos:

CAPÍTULO 2:
- Tratamos das primeiras fórmulas, das notas guias, das variações rítmicas, com a proposta de aplicar esse material sobre músicas diferentes. Comece a construir o seu repertório. Primeiro uma música, depois outra, depois mais uma.

CAPÍTULO 3:
- Procure se acostumar para que, ao conhecer/estudar uma música, logo entenda a sua estrutura formal (AABA, ABAC etc.). Dê uma olhada na melodia, nas frases e nos parágrafos melódicos. Detecte a presença de células rítmico-melódicas para, a partir delas, construir novas frases.

CAPÍTULO 4:
- Aplique as fórmulas de tensão-resolução às músicas do seu repertório.
- Escreva alguns solos baseados nessas fórmulas (se esforce para escrevê-los) e pratique-os até perceber que aquelas linhas melódicas estão entrando no seu repertório de frases.

CAPÍTULO 5:
- Procure ouvir a música de forma analítica, para assimilar o código estilístico do repertório. Por exemplo, se estiver interessado no *walking bass*, preste atenção ao baixo, nas gravações em que é praticada essa técnica. Se gostar de choro, preste atenção às melodias e às características do instrumento pelo qual tem mais interesse. Se o seu interesse é o jazz, procure entender as diferenças estilísticas entre os vários períodos; detecte algumas frases interessantes dos estilos e aprenda-as.

CAPÍTULO 6:
- Sugiro praticar bastante os ciclos melódicos. Aprenda a tocá-los de duas formas: 1. consciente do que está tocando, referindo-se sempre ao seu acorde; 2. tocando as seqüências por si mesmas, sem pensar nos acordes. Se possível, procure inventar outros ciclos.

CAPÍTULO 7:
- Se estiver interessado no blues, procure ouvir esse gênero musical para reconhecer e aplicar as frases típicas. O Capítulo 7 contém os conceitos de padrão estático e dinâmico. Essa idéia pode ser aplicada em outros contextos musicais.

REFERÊNCIAS BIBLIOGRÁFICAS RELATIVAS AOS ASSUNTOS DESTE VOLUME

PARA UM ESTUDO SOBRE O VOCABULÁRIO DO CHORO, SEUS EXERCÍCIOS E FRASES
-SÈVE, Mário. *O vocabulário do choro, estudos e composições*. Rio de Janeiro: Lumiar, 1999.

PARA UM ESTUDO DOS RITMOS BRASILEIROS
-ADOLFO, António. *Brazilian Music Workshop*. Rottenberg N., Alemanha: Advance Music, 1993.
-GIFFONI, Adriano. *Música brasileira para contrabaixo*. São Paulo: Irmãos Vitale, 1997.

PARA APROFUNDAR OS ASPECTOS LIGADOS AO FENÔMENO RÍTMICO E ÀS COMBINAÇÕES DOS ACENTOS
-GRAMANI, José Eduardo. *Rítmica*. São Paulo: Perspectiva, 2002.

SUGERIMOS AOS PIANISTAS
-GARDNER, Jeff. *Jazz piano. Creative concept and techniques*. Paris, França: HL Music, 1996.

PARA O DESENVOLVIMENTO DA LINGUAGEM JAZZÍSTICA
-BERGONZI, Jerry. *Jazz lines*. Inside Improvisation Series. Rottenberg N., Alemanha: Advance Music, 1991.
_____. *Melodic lines*. Inside Improvisation Series. Rottenberg N., Alemanha: Advance Music, 1991.
_____. *Melodic rhythms*. Inside Improvisation Series. Rottenberg N., Alemanha: Advance Music, 1991.
_____. *Pentatonics*. Inside Improvisation Series. Rottenberg N., Alemanha: Advance Music, 1991.
_____. *Thesaurus of intervalic melodies*. Inside Improvisation Series. Rottenberg N., Alemanha: Advance Music, 1991.
-COKER, Jerry. *Patterns for jazz*. Lebanon, Indiana, EUA: Studio P/R, Inc, 1970.
-RICKER, Ramon. *Pentatonic scales for Jazz Improvisation*. Lebanon, Indiana, EUA: Studio P/R, Inc. 1976.

OUTRAS REFERÊNCIAS BIBLIOGRÁFICAS RELATIVAS A ESTE VOLUME
-AMADIE, Jimmy. *Jazz improv. How to play it and teach it*. Bala Cynwyd, EUA: Thornton Publications, 1990.
-BAILEY, Derek. *Improvisation: It's nature and practice in music*. Nova York, EUA: Da Capo Press, 1992.
-BERLINER, Paul. *Thinking in jazz: The infinite art of improvisation*. Chicago, EUA: The University of Chicago Press, 1994.
-CAZES, Henrique. *Choro: do quintal ao Municipal*. São Paulo: Editora 34, 1998.
-CROOK, Hal. *How to improvise. An approach to practicing improvisation*. Rottenberg N., Alemanha: Advance Music, 1991.
-DELAMOND, Gordon. *Modern melodic technique*. Delevan, Nova York, EUA: Kendor Music, 1976.
-GALPER, Hal. *Forward motion*. E-Book: <http://www.forwardmotionpdf.com>
-KORMAN, Clifford. *A importância de improvisação na história do choro*. Em Anais do V Congresso Latino-americano da Associação Internacional para o Estudo da Música Popular. <http://www.hist.puc.cl/historia/iaspmla.html>.
-REYNOLDS, William; WARFIELD, Gerald. *Common-practice harmony*. Longman Music Series. Nova Iorque; Londres: Ed. Longman, 1985.
-SCHOENBERG, Arnold. *Fundamentos da composição musical*. São Paulo: EDUSP, 1991.
-SCHULLER, Gunther. *Early jazz: its roots and musical development*. Oxford, Inglaterra: Oxford University Press, 1986.
-WINE, Toby. *1001 blues licks*. Winona, Minnesota, EUA: Hal Leonard Corporation, 2002.

A cada dia de nossa vida, nós mudamos; milhões de células se renovam em nosso corpo; as nossas idéias mudam; as nossas percepções mudam, assim como nossas atitudes. Voltando às páginas deste livro daqui a algum tempo, com certeza, cada um de nós descobrirá coisas novas, achará interpretações diferentes, terá novas idéias.
Deixe isso acontecer. Os caminhos e a busca da linguagem da improvisação são infinitos.

Turi Collura